鈴木富久

5つのプロセスで融資目標200％達成

融資を伸ばす行動様式

きんざい

はじめに

「融資が伸びない。何かいい手はないですか」「融資を伸ばすセールストークや決め言葉のノウハウを教えてもらえませんか」――。経営トップも、支店長も、営業担当者も、地域金融機関の皆さんにお目にかかると必ずこの質問を受けます。しかし、残念ながら「これをやれば融資を伸ばせる」といった魔法のつえはありません。「この本のタイトルは「融資目標200%達成」ですよね」と読者の皆さんからクレームを受けてしまうかもしれませんが、もし魔法のつえがあるのならば、どの金融機関でもさほど苦労することなく融資を伸ばすことができるはずです。金融の経営の健全性をチェックすることがミッションであるはずの金融庁が、これほどしつこく事業性評価による金融仲介機能の発揮、つまりもっと融資をしろと金融機関に迫ることもないでしょう。

私は、質問を受けると「なぜ融資が伸びないと思いますか」と逆にお聞きするようにしています。皆さんから返ってくる答えは、「資金需要がない」「マイナス金利の影響で採算が合わない」「融資推進以外にやることが多すぎる」「融資推進に強い人材がいない」――といった「できない理由」ばかりで、「融資推進の手法が悪いのかもしれない」「人材育成の方法がまずいのかもしれない」といったコメントはあまり出てきません。

幹部であればあるほど、企業の資金需要が旺盛だった時代の成功体験がじゃまするのでしょう。しかし、今や経済が成熟化し低成長が当たり前の時代です。それなのに、本部は「とにかく融資を伸ばせ」と現場の尻をたたき、営業店の現場は「借りてください」とお願いセールスと個人プレーに終始するばかり。そこにはお客さまのニーズに応えるという地域金融機関の本分も、戦略・戦術もありません。進化論を唱えたダーウィンは、「生き残ることができるのは強い者ではなく変化にもっともよく適応した者である」と述べています。融資推進においても低成長、少子高齢化、マイナス金利と経営環境の激変に適応した戦略・戦術を見つけ出す必要があります。

この本ではどうしたら融資を伸ばせるのか、その仕組みをまず「5つのプロセス」として説明しています。私が支店長をしていた支店では、1週間に4件、年間では200件の新規先を獲得していました。おそらく今も破られていない記録だと思います。そこで得た私なりの答えは、「訪問する」「信頼関係の構築」「困っていることを把握する」「提案・クロージング」「モニタリング」という5つのプロセスを踏むことが融資を伸ばす鍵だということです。

なぜお客さまはお金を借りるのでしょうか。それは自分が抱えている悩み（ニーズ）を解決するためです。そして、融資を伸ばせるかどうかは、お客さまがお金を「借りてくれるかどうか」で決まります。皆さんがお客さまにお金を「貸せるかどうか」ではありません。つまり決めるのはお客さまです。融資を伸ばすことができるかどうかは、お客さまの悩みを把握し、それに応えることができるかどうかで決まるのです。そのために、5つのプロセスごとに必要なスキルを習得し、繰り返し実践していく、これこそが事業性評価の実践です。

こう言いますと、皆さんは「そんなことはもうやっている」と反論するかもしれません。でも本当にそうでしょうか。

例えば5つのプロセスの1番目「訪問する」はどうですか。融資を伸ばすには新規先を獲得することが決定的に大事だとわかっていても、「時間がない」とか「既存先の対応で手がいっぱい」などの理屈を言って、新規先の訪問に二の足を踏んだり、後回しにしたりしていませんか。支店長でいうなら「新規先を回れ」と指示をするだけで、具体的な戦略・戦術は担当者に任せているようなことはありませんか。

「信頼関係の構築」「困っていることを把握する」もそうです。私も若手の信金渉外マンだった頃、苦い思い出があります。当時、私は月に5件、年間で60件もの新規融資先を獲得し、鼻高々でした。ところが、取引が始まり1年ぐらい経った頃から、1件、また1件とくしの歯が抜けるように他の金融機関に肩代わりされ、結局、何割かのお客さまとの取引がなくなってしまいました。なぜだったのでしょうか。それは、新規融資先の獲得件数という成果を焦るあまり、「今のお借入金利はいくらですか。それは高いですね。私どもの金庫ならば今より0・5％低い金利でご融資できますよ」と「信頼関係の構築」「困っていることを把握する」を無視し、いきなり「提案・クロージング」に持ち込み、いざ融資をしたら、後はあまり訪問もしなかったからです。信頼関係の構築やニーズの把握といったプロセスを飛ばし肩代わりをした先は、いずれ金利で肩代わりをされてしまいます。私はそれまでのやり方ではだめだということを痛感しました。

支店長時代に年間200件の新規先を獲得できたのは、スーパーマンがいたからでも魔法のつえがあったからでもありません。融資はきちんとした仕組みをつくってそれを愚直に実践すれば、必ず増やすことができます。そしてその仕組みこそが「事業性評価」なのです。この本では、それを機能させるための戦略・戦術・ノウハウを皆さんにお話ししていきたいと思います。

目次

第二章 わかっていても融資は伸ばせない

序　章

地域金融の付加価値は何か

「お金」そのものでは差別化できない

融資業務における商品は「お金」です。自動車でも携帯電話・スマートフォンでも食料品でも、およそ世の中で売られているモノは、いろいろな点で他の商品と差別化することができますが、「お金」の場合はどの金融機関で扱っているものも同じ価値、デザイン（形状）、用途であり、差別化するのが難しいという特徴があります。

しかし、「ライバルと同じマーケットのなかで、商品の「サービス」や「機能」、「デザイン」面で差異を持たせて競争上、優位に立つ」（マイケル・ポーター　ハーバード大学経営大学院教授）という差別化戦略は、ビジネスの基本であり「差別化できない製品やサービスはない。どんなものでも必ず他との違いを際立たせることはできる」「現実の市場では、価格競争がどれほど激烈であっても、価格以外の要素が必ず考慮される」「品物それ自体は差別化できる要素がないとしても、紹介の仕方によって顧客の心をとらえたり、配送の仕方で顧客を囲い込んだりするなどの違いが生じてくる」（T・レビット　元ハーバード・ビジネススクール名誉教授）とされています。

確かに、例えば美容院では、「髪をカットする」「髪を整える」という基本サービスに加えて「雰囲気のよいカフェのような店づくり」「最新のカット技術」などの付加価値によって他店と差別化をしています。そして、料金が高くても、雰囲気がよかったり、カリスマ美容師がいたりするお店を選ぶお客さまもたくさんいます。

ラーメン屋さんでも同じです。皆さんは、いつも安いラーメン屋さんばかりに行きますか。そうではないはずです。値段に加えて、「スープが独特」「メニューが豊富」「近いから」「深夜まで営業している」などさまざまな要素を比べて、どこの店に食べに行くのかを決めていると思います。

では、融資において、レビット教授が言う「価格以外の要素」に当たる付加価値とは何になるのでしょうか。

「訪問」は付加価値であり事業性評価のベース

金融機関の人を対象とした融資推進の研修の際に、「お客さまに提供している付加価値を書いてください」と言うと、ほとんどの人は「低い金利」と書きます。支店長向けの研修でも同じです。それでは、「金利以外に提供している付加価値はありませんか？」と尋ねると、9割の人は「情報提供」と書きます。しかし、「最近一週間でどういうお客さまに、どのような情報提供をされましたか？」と尋ねてみると、まず答えられなくなります。

ライバル金融機関と差別化を図る方法として、すぐに思いつくのは金利と期間、それと担保・保証です。しかし、金利や期間、担保・保証などで競い合っても、おのずと限度があります。しかも、往々にしてお客さまのニーズや悩みは二の次にした、金融機関の都合による不毛な競争になりがちです。

かつて私が支店長だった頃、担当者から融資案件が上がってきて、こんな会話をしたことがありました。

「A銀行がうちより安い金利で提案してきたので、うちも対抗せざるを得ません」

「そうか。でもA銀行は、うちとすべての条件が同じなのか？」

「いや、それは違います。金額も担保も違います。預金残高も違います。それとA銀行は集金をしていませんし、こういうときしか顔を出さないみたいです」

「そうだろう。すべての条件が同じなら、金利は安い方が有利に決まっている。でもそうでないなら、トータルコストで考えてもらえばいいのではないかな。『うちは金利は少し高いかもしれませんが、その代わりこまめに訪問します。もし業績が落ち込んでも、すぐ逃げるようなことはありません』と話してみたかい」――。

地域金融機関の融資でもっとも大事な付加価値は「訪問する」ことです。「うちは日ごろ訪問していますので、お客さまのことをよく知っています。ですから、融資判断も速くできますし、お客さまが困ったときも逃げずに対応します」とアピールすることができます。訪問回数に比例してお客さまにも気に入られ、信頼されることでしょう。これは立派な付加価値です。

この話をすると、皆さん驚かれます。「訪問が付加価値だって？　そんなの当たり前じゃないか。自分は毎日20先近く回っているけど、それのどこが付加価値なんだ？」といぶかしがります。しかし、メガバンクをみてください。こまめに中小企業を訪問している銀行などありません。「訪問する」ことこそが、地域金融機関の融資における差別化戦略の肝であり、付加価値なのです。

訪問という付加価値を提供して、その結果としてお客さまとの間で信頼関係が構築されていれば、金利が高いこととイコール不利とは言えません。そして何よりも信頼関係ができれば事業性評価を行い、お客さまの悩みや課題を把握し、それに応えていくことができます。

地域金融機関の役割

お客さまの業績が伸び地域社会が活性化すれば、地域金融機関もそのメリットを享受でき、発展していくことができます。つまり、地域金融機関は、地域のお客さまや地域社会と「運命共同体」「共存共栄」の関係にあるのです。このことを忘れてはいけません。

特に信用金庫の場合、法律で営業エリアが限定されていますので、地元の状況が悪くなったからといって、他の地域に移り営業をすることは認められていません。銀行と違い、地方の信用金庫が東京や大阪に支店を出すことはできませんし、もちろん、海外に進出することも不可能です。地域との共存共栄、運命共同体という図式しか成り立たないのが信用金庫なのです。長年にわたり信用金庫業界のリーダーだった城南信用金庫の小原鐵五郎会長は、「われわれはもうけ主義の銀行などに成り下がってはならない」と言っています。そのくらいの自負を持たなければいけません。

メガバンクとは違い、地域の企業が果たしている物流・商流・雇用維持といった役割をきちんと把握して、存在意義を評価してあげることが必要なのです。そういうことをせずに、ただ担保や保証がないとか、あるいは過去の財務データの良しあしばかりをうんぬんしていると、地域金融機関の本分から外れ、結果として融資を伸ばすこともできないでしょう。

金融機関はリスクを取ることで収益を上げています。金融機関のリスクテイクは全業種の中でも最大といえるでしょう。特に融資は「現在の資金と将来の資金の交換」

ですので、リスクテイクをしないとビジネスが成り立ちません。

ただ、融資は、より正確に表現すると、「リスク＋コスト＋付加価値の提供」に見合った金利をお客さまからいただくことで収益を上げるビジネスです。したがって金融機関の皆さんには、金融のプロとして、リスクを分析し審査する能力はもちろん、お客さまに付加価値を提供していくことが求められます。

付加価値の提供とは、最終的にはお客さまの悩みを聞いて相談に乗ったりアドバイスをしたりするような、いわゆるコンサルティング機能の発揮ということになりますが、それができるかどうかは、お客さまを訪問しているかどうかにかかっています。

また、地域金融機関においてコンサルティング機能の発揮といった場合、「貸すも親切、貸さぬも親切」の精神で判断することが、結局はお客さまのためになるということを心掛けておく必要があります。この言葉も小原鐵五郎氏によるものですが、つまり地域金融機関には、お客さまがお金を貸してほしいときに貸すだけではなく、場合によっては、「今回は借りない方がいいですよ」とアドバイスする役割が求められているのです。また、お金を貸す場合も、その事業の規模に適した金額を貸すようにしなければいけません。

顧客本位と顧客満足は違います。お金を貸せば、そのときは、お客さまに喜ばれます。しかし、その借入のせいで余計な事業に手をだし、結果的に本業も左前になってしまうようなケースも少なくありません。ときにはおせっかいで、お客さまにとっては耳の痛いことも直言してあげるのが「顧客本位」の姿勢です。地域金融機関の皆さんにはその見識を持っていただきたいと思います。

新型コロナウイルス禍の今こそ本領発揮を

本当であれば東京オリンピック・パラリンピックに沸き立つはずだった今年、世界も日本も新型コロナウイルスの感染拡大という誰一人として予想できなかった事態に見舞われ、いまだその終息の道筋が描けない状況にあります。

経済状況は「戦後最悪」と言われるレベルにまで落ち込んでいます。中小企業のお客さまの経営は極めて厳しい状況に陥っています。苦境が深まる中小企業をどう支えたらよいのでしょうか。地域金融機関の存在意義が、今ほど問われているときはありません。

顧客の激減や大手企業の減産、店舗の営業自粛で収入を絶たれた中小企業が続出しています。トヨタやANAといった名だたる企業ですらコミットメントラインを確保するなど、手元流動性の確保を急ぐなか、中小企業の場合、運転資金の1、2カ月

〈図表1〉　**地域金融機関の使命・存在意義**

金融庁

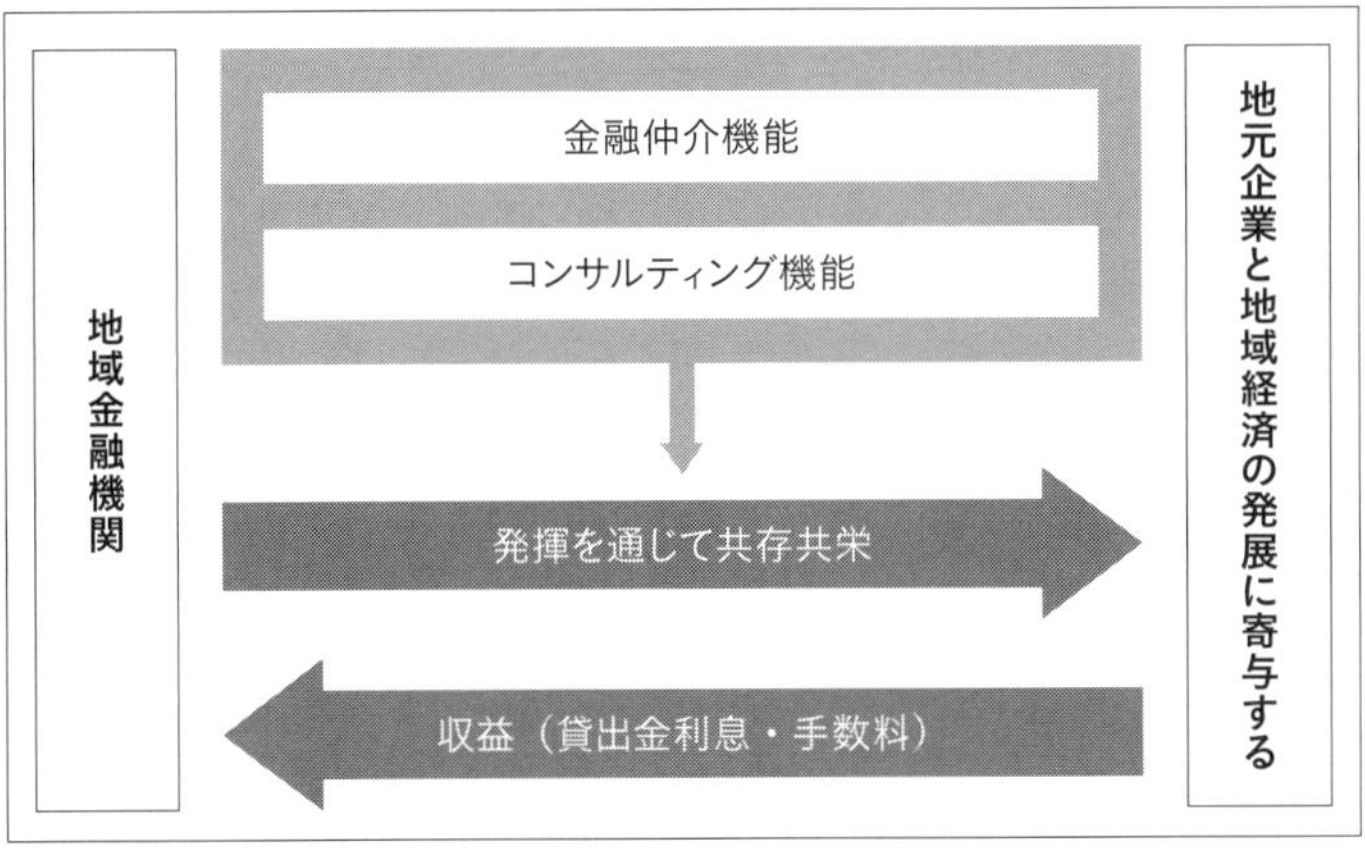

分程度しか手元にないことも多く、明日の資金繰りにも苦慮しているのが実情です。

　金融機関はしばしば「雨の日に傘を取り上げ、晴れの日に傘を貸す」と言われます。しかし、これまでに経験したことがないような土砂降りの雨が降り続く今こそ、お客さまに傘を差し出すことが地域金融機関の役割です。この本で説明する5つのプロセス、すなわち「訪問する」「信頼関係をつくる」「困っていることを把握する」「提案・クロージング」「アフターフォロー」を実践する絶好の機会です。

　まずはお客さまの資金ショートを防ぐことですが、それだけでは倒産や失業の多発は避けられません。新型コロナウイルス禍で顧客や受注が戻るか不透明ななか、お客さまに寄り添い、一緒にビジネスの新しい形を模索していく。そのような取組みが期待されています。

〈図表 2〉 **借り手が金融機関に望む事**

1	必要な時に必要な資金を確実に借入できる
2	資金の活かし方、借り方、返し方のアドバイス
3	資金以外の経営や困りごとへの相談・情報提供
4	「貸すも親切、貸さぬも親切」の精神での与信判断
5	適正な金利

COLUMN

なぜレンガを積むのか?

何のために働くのか、動機によって結果は違ったものになります。図表3の3人を見比べてください。Aさんは、「レンガを積む作業が仕事」だからレンガを積んでいます。Bさんは、「お金を稼ぐため」にレンガを積んでいます。Cさんは、建物が使われるときのことをイメージして、「生きがいを感じて」レンガを積んでいます。もしあなたが自宅を建ててもらうとしたら、A、B、Cさんの誰に依頼したいですか?

私は、地域金融機関で働くことも同じことだと思います。皆さんは、渉外活動を何のためにするのでしょうか。特に意識せず「作業」として行っているのでしょうか。自分の成績を上げて給料を稼ぐためでしょうか。それとも地域の皆さんの役に立つためでしょうか。

地域金融機関の支店長研修や渉外担当者研修で皆さんからテクニックを教えてほしいとよく言われます。テクニックや知識をいくら教えても、働く動機が整っていないと、身に入りませんし、セールストークだけマネしても、お客さまから「どうせ自分の成績を上げたいだけなんでしょう」と、見透かされてしまいます。地域金融機関には「地域をよくする」という使命があります。お客さまを訪問する動機がそこにつながっていることがとても重要です。

〈図表3〉 **レンガ積み**

イソップ寓話

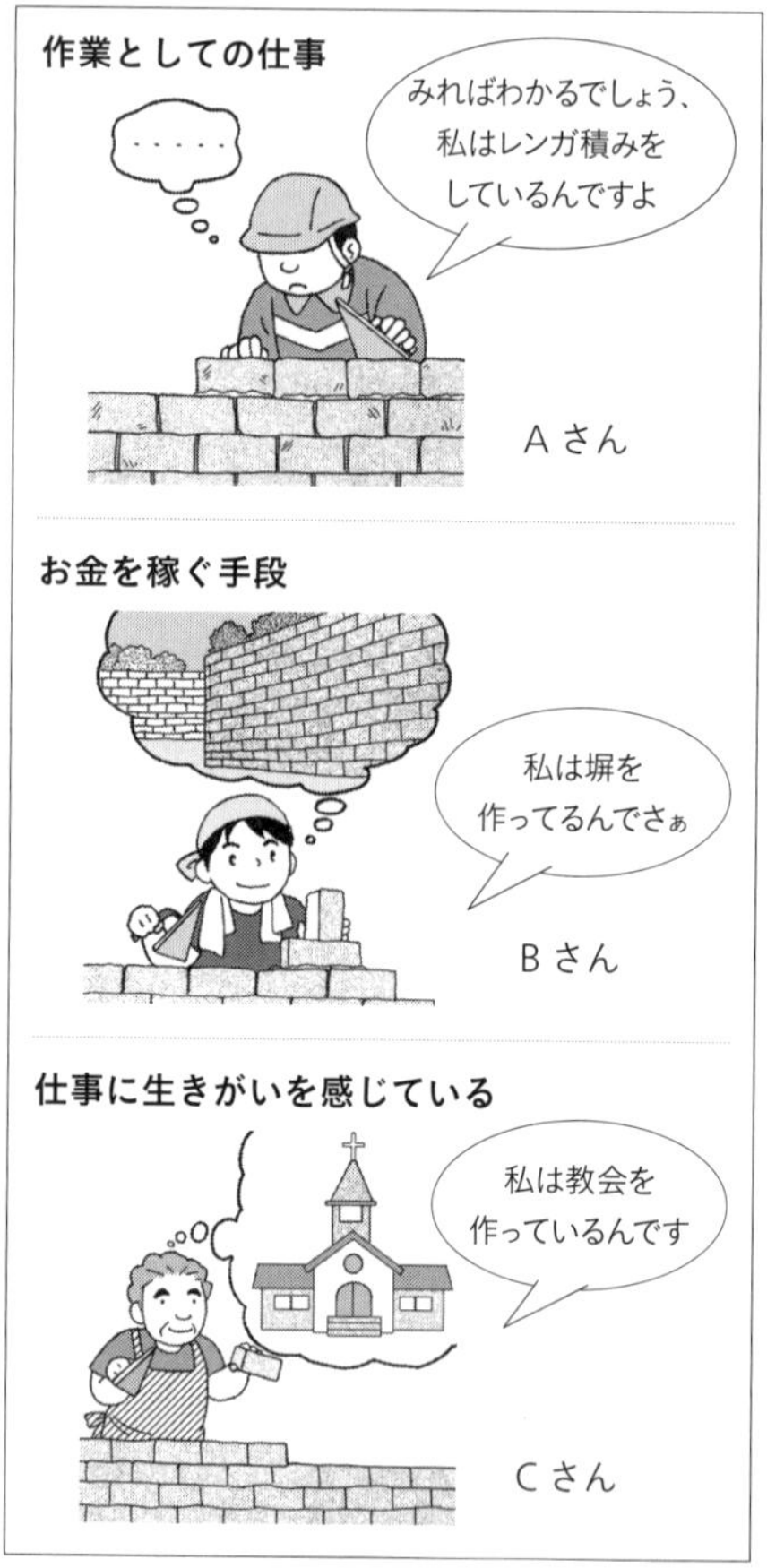
作業としての仕事
・・・・・
みればわかるでしょう、私はレンガ積みをしているんですよ
Aさん
お金を稼ぐ手段
私は塀を作ってるんでさぁ
Bさん
仕事に生きがいを感じている
私は教会を作っているんです
Cさん

・働く動機によって結果は異なってくる

・誰に仕事を頼みたいですか?

COLUMN

貸さぬも親切

私が支店の次長の時のことです。担当していたお客さまに自動車部品を製造する従業員が30人くらいの会社がありました。その会社の70歳台半ばの社長さんがある日、「ベンツを買うので2000万貸してくれ」と言ってきたことがありました。

会社自体の業績は順調で財務内容も問題なかったのですが、私は「何か新しい設備や機械を買うのであればお貸ししますが、ベンツを買うお金ということであれば、申し訳ないですがお断りします」と即答しました。結果、その社長さんは別の金融機関から2000万円を借りてベンツを購入しました。

するとしばらくして、専務をしている跡取りの息子さんが2000万を貸した金庫に「どうしてそんな金を貸したのか」「本当にうちの会社のことを考えてくれているのか」と押しかけ、「そんなお金を簡単に貸すような金融機関は信用できん」と私の金庫をメインにすると言ってくれたそうです。

私も、そのお客さまならば無担保で2000万円ぐらいの融資をしてもよかったのですが、ベンツを買っても会社の売上には1銭も貢献しません。金融機関から借入をしてまで社長個人のベンツを買ったとなれば、社員にも示しがつきません。どうしても欲しいのならば、キャッシュで買えばいいだけの話です。そう考えてお断りしました。小原鐵五郎さんが言う「貸さぬも親切」を実践したケースです。

小原さんはこうおっしゃっています。「金を貸すにしても、相手がその金を借りて成功する資金なら、多少担保不足だろうが無理をしてでも貸してよいと思う。ところが、その人のためにならない場合——失敗してその人を貧乏にするような金ならば、いくらいい担保があろうとも、貸さない方がいいのではないか——」（『小原鐵五郎語録　庶民金融の真髄をつく』金融タイムス社）。

顧客本位とは奥が深いということがよくわかります。

第一章

なぜ融資を伸ばせないのか

1節　負けに不思議の負けなし

（1）砂上の楼閣になっていないか

「勝ちに不思議の勝ちあり、負けに不思議の負けなし」。

これは、肥前平戸藩9代目藩主であり、心形刀流免許皆伝の腕前を持つ松浦静山《まつらせいざん》が記した剣術書『剣談』の一節です。端的に言いますと、偶然に勝つことはあっても、偶然に負けることはないという意味です。

融資が伸びない原因は、この格言と同じく明確です。それは、融資業務における「土台」がしっかりしていないことに尽きます。図表1-1をご覧ください。三角形の下の部分が「土台」です。「土台」は、①目的、②目標、③方針、④戦略で構成されています。この「土台」部分は、経営管理上の命題であることから、私は「マネジメント」部分と称しています。

金融機関は知識教育が大好きです。融資を伸ばすために、新しい商品・スキーム、制度、税金などの研修を熱心に行っていますが、土台である「マネジメント」部分が

〈図表 1-1〉 融資増加のフレームワーク

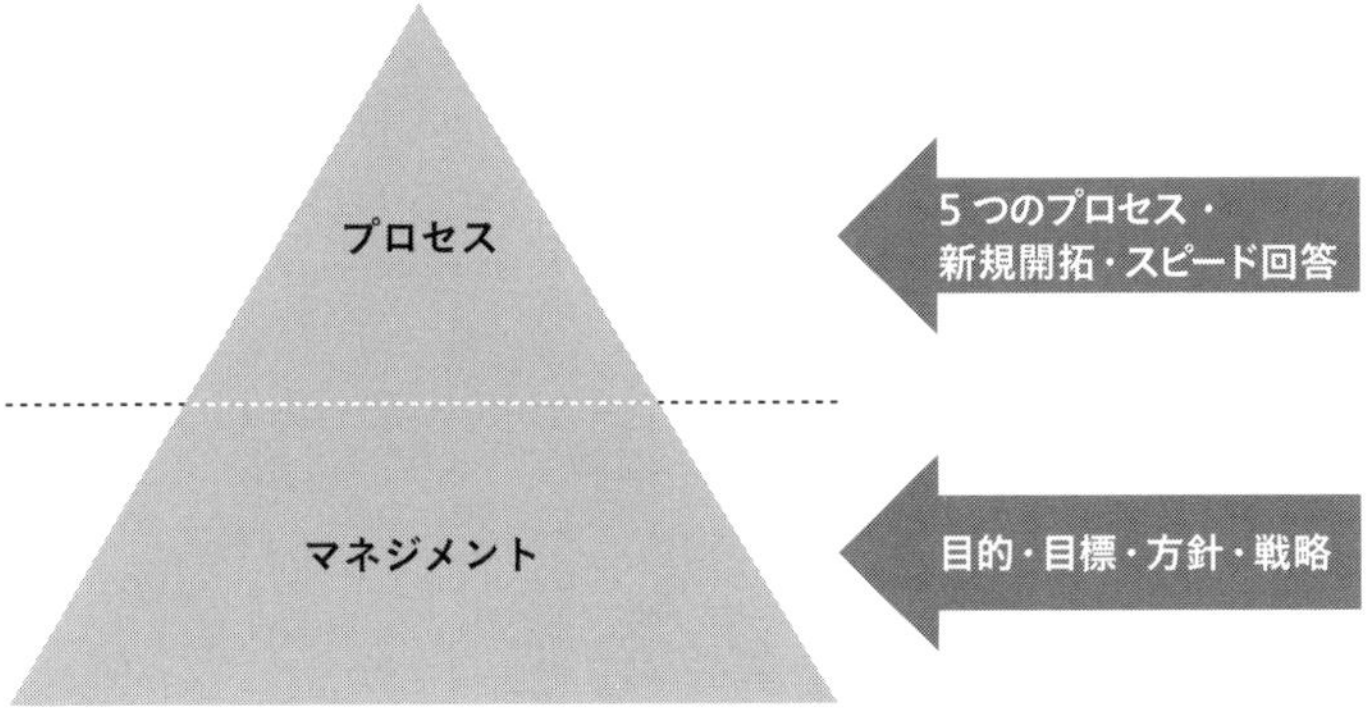

堅固でなければ、せっかくの知識も「砂上の楼閣」になってしまいます。

（2）目的

最初に「目的」を定めます。当たり前のようですが、この「何のためにするのか」が明確になっていないと、チームが一つになって前に進めません。いわゆる「御旗」が必要なのです。

私は支店長時代、融資を推進する「目的」を次のように定めました。

「金融仲介・コンサルティング機能を発揮することで、地域企業と地域経済の発展に寄与し、もって金庫の繁栄ならびに職員の幸せを実現する」

（3）目標

「目的」は経営理念・方針など、抽象的であいまいなものでも構いません。しかし、「目標」は具体的な数値で示さなければなりません。「目標」がなければ、どんなに素晴らしい「目的」であっても絶対に達成できません。私は、「残業ゼロで融資目標200％達成」を「目標」に掲げていました。ここでいう「目標」とは、期初に本部から与えられた目標数値のことを指します。それの200％達成を支店の「目標」としました。「残業ゼロで融資目標200％達成」は、とてつもなく高い目標です。とても、従前のやり方では達成できません。新しいやり方を考えるしかないことを職員は直感的に理解します。

とてつもなく高い目標は、職員の潜在能力を引き出し、成長を促す外部要因になります。成長はやりがいをもたらします。「目的」で掲げた「職員の幸せを実現する」ためにも、とてつもなく高い目標は必要なのです。「身の丈に合った目標設定が必要」などと言っている企業に成長はありません。

（4）方針

融資目標200％を達成するためには何をしてもいいということではありません。「目的」に沿った融資活動でなければなりません。私は、お客さまに対するものと職員に対するものを分けて定義しました。

〈図表 1-2〉 **業績向上に向けての改革**

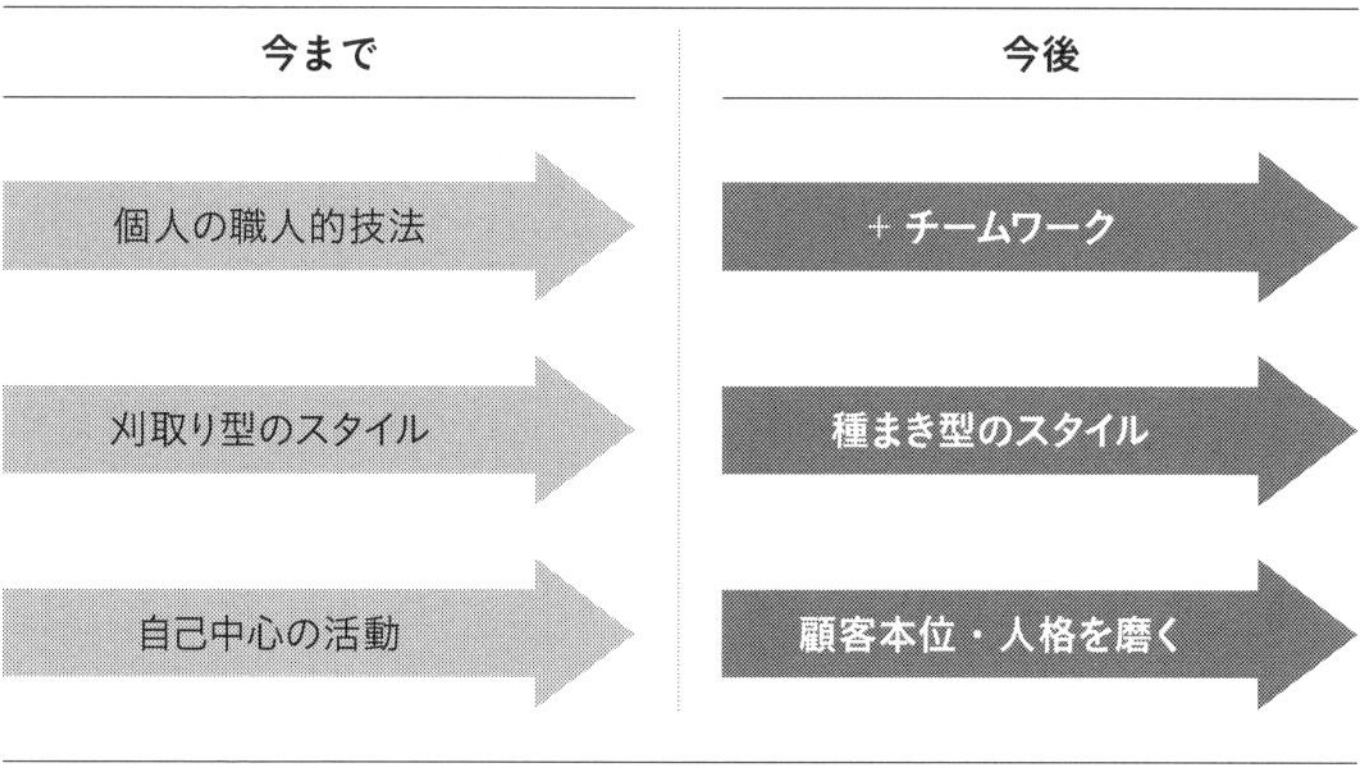

お客さまに対する方針（対外方針）～「金融仲介・コンサルティング機能を発揮して、お客さまのニーズに適した融資・サービスを提供し、お客さまの役に立つ」

職員に対する方針（対内方針）～「チームワークで目標を達成する」

金融機関では、概して個人プレーが多く見受けられます。しかし、個人競争による成果は、チームワークによる協力の成果に遠くおよびません。個人競争は同じチームの仲間がライバルになりますので、足の引っ張り合いによるマイナスのベクトルが生じます。これに対してチームワークはお互いに補完し合うことで、相乗効果のプラスのベクトルが生じます。1＋1＋1＋1＋1＝5ではなく、10にもなるということです。

人は、自分のためにするモチベーションより、仲間のためにするモチベーションの方が何倍も大きくなります。チームのためにがんばろうとするモチベーションを引き出さない限り、融資目標200％という、とてつもない目標は達成できないのです。

(5) 戦略

①5つのプロセス

競合相手の金融機関に勝たなければ「目標」は達成できません。勝つためには「戦略」が必要となります。端的に言うと「差別化戦略」です。

それではどういう付加価値によって、他の金融機関と差別化したらいいのでしょうか。残念ながら融資という商品自体は大差なく、そこに差別化できる余地はほとんどありません。差別化できる余地は、訪問の仕方、コミュニケーションの取り方、信頼関係の作り方、提案力など、商品を提供する過程にしかありません。つまり、他の金融機関がやっていないセールス・プロセスをとればいいわけです。私は、「訪問する」「信頼関係の構築」「困っていることを把握する」「提案・クロージング」「モニタリング」という「5つのプロセスで融資目標200％達成」という戦略を採ってきました。

〈図表 1-3〉 **方針・戦略を決める**

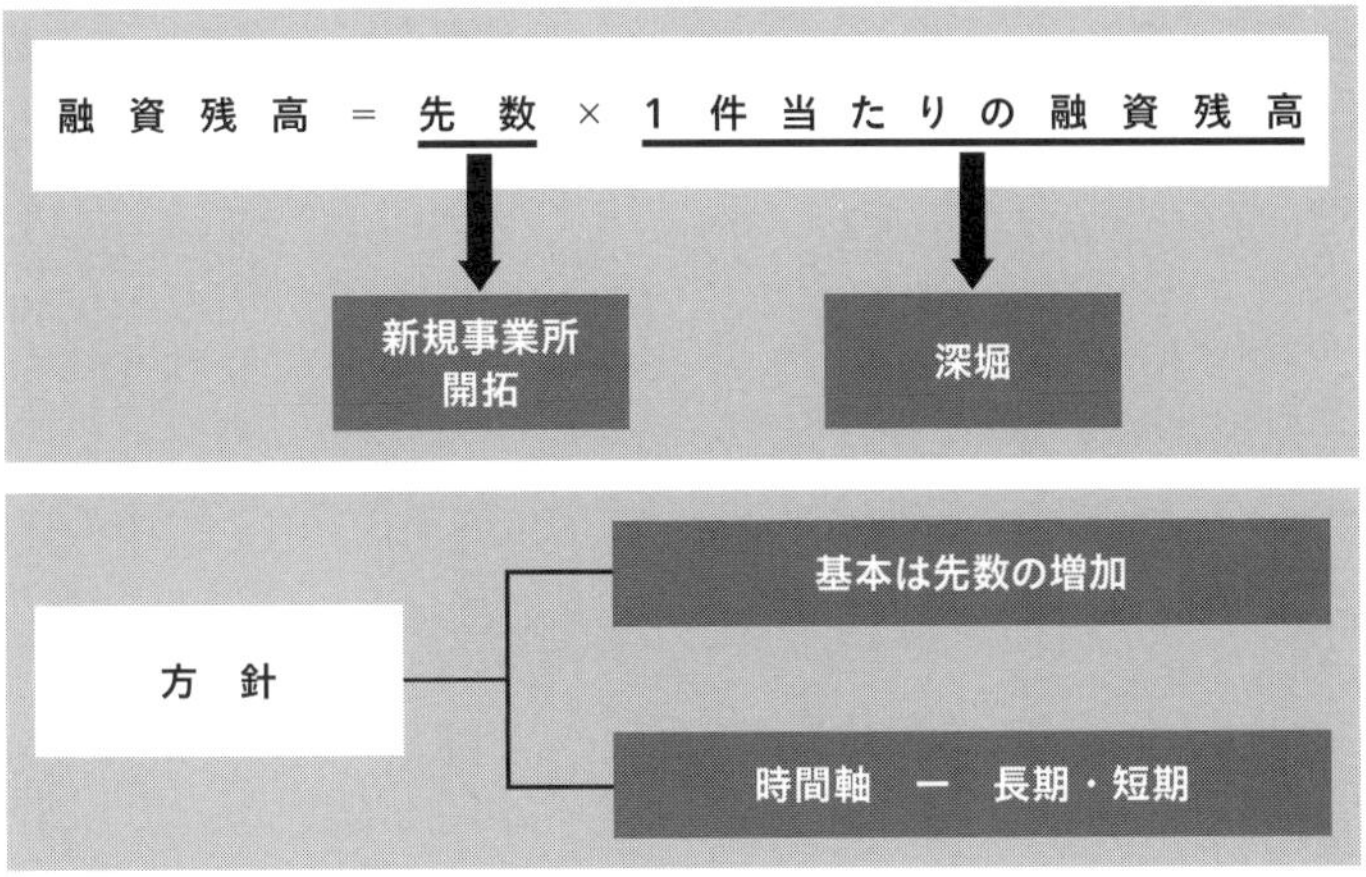

②新規先開拓

もう一つ重要な戦略があります。それは新規先の獲得です。図表1-3のように、融資残高は「先数×1件当たりの融資残高」で決まります。「1件当たりの金額」の増加は、既往先の深掘り戦略によって、「先数」の増加は新規先開拓によって行います。新規先の獲得は、訪問件数（接触頻度）に比例します。そこで「訪問件数（接触頻度）を上げることで融資目標200％達成」という戦略を採りました。

接触頻度とは、訪問による面談だけでなく、手紙や電話、メールなどによる接触でも構いません。訪問した際にお客さまが不在でも名刺を置いてくるのと同じ効果が期待できます。新規先開拓の重要性は次節で詳しくお話ししたいと思います。

③スピード回答

私は、「スピード回答」も重要視し、差別化戦略としました。それを実現させるための仕組みが「融資案件会議」であり、「進捗《しんちょく》の見える化」です。一般的に、融資案件は申込から1週間程度で回答ができれば早い方です。なかには2週間かかる金融機関もあります。私は、案件をすべて翌日にはお客さまに回答していました。これはまさに差別化戦略となります。一方、融資は事務作業に時間がかかります。そこは、チームワークと見える化で進捗管理し、スピードアップを図りました。こうしてスピード回答を可能にしたのです。

(6) ブラックボックス化させない

三角形の土台が堅固になったら、次は広義の戦略の上にのせる「戦術」部分についてご説明します。

かつて、企業の資金需要が旺盛な時代は、お客さまを訪問して、お願いすれば融資ができました。今はそういう時代ではありません。しかし、金融機関のセールス・プロセスを見てみますと、ほとんど「訪問」の次が「お願いセールス」になってしまっています。5つのプロセスでいえば、「訪問」の次にいきなり「クロージング」をしているようなものです。なぜこういうことが行われているのかといいますと、金融機関が短期的な思考に陥っており、すぐに成果を出すことが求められているためです。

また、渉外担当者が「訪問」から「モニタリング（アフターフォロー）」までの過程で何をしたらいいのかを理解していません。

おいしいパンは、小麦粉からいきなりできあがるわけではありません。まず、生地を作り、発酵させて、成形し、そして焼き上げる。そうした一連のプロセスを経て、その成果としてできあがります。融資獲得のプロセスも同じことです。「こんにちは」と訪問して、「ちょうどいいところに来てくれた。実はお金を借りたいと思っていたのだけど…」などという出会いがしらのニーズは、まずありません。しかし、現実はどうかというと、支店長は「訪問したか」「それで成果はどうだったのか」といったことを確認するばかりで、もし首尾よく成果が上がれば「よくやった。またがんばってくれ」、成果が上がらなければ「ちょっと根性が足りないな。来月は絶対にがんばれ」と結果論・精神論に終始してしまっているのではないでしょうか。つまり、融資

〈図表 1-4〉 **ブラックボックスになっていませんか？**

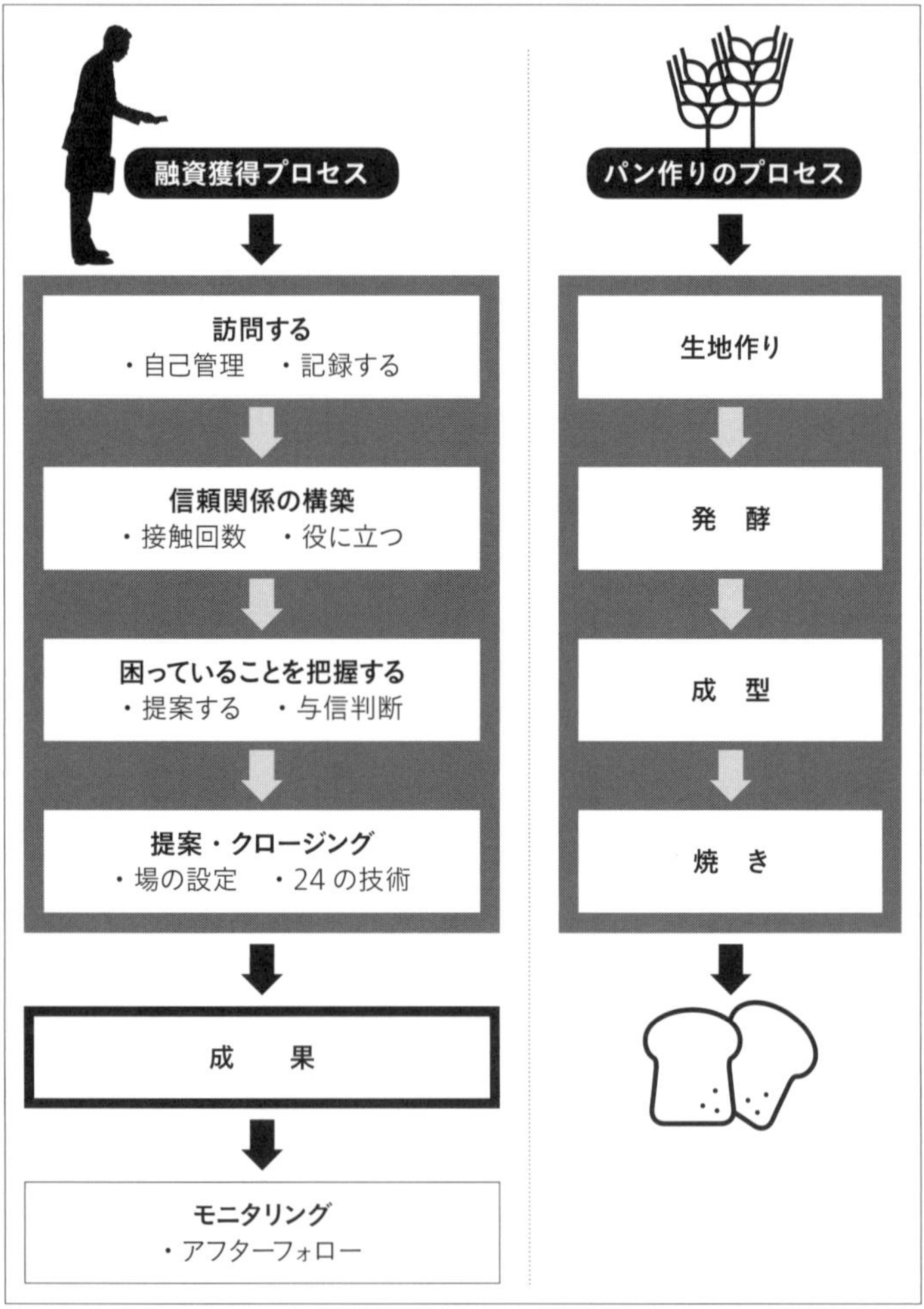

獲得のプロセスがブラックボックス化してしまっているのです。
小麦粉からおいしいパンができあがるのには一定の工程があるように、融資獲得のプロセスも、「訪問する」「信頼関係の構築」「困っていることを把握する」「提案・クロージング」の4つの工程があります。それに「モニタリング・アフターフォロー」を加えた5つのプロセスについてよく理解することが必要です。

2節　新規先獲得の重要性

先ほどお話ししたように、融資残高は「融資先数×1先当たりの融資残高」で決まります。しかも、金融機関はストックビジネスをしていますので、お客さまの毎月の返済が進めば融資残高はどんどん減っていきます。トヨタであれば6月までに1兆円の車を売れば、7月になってその売上がなくなることはありません。全部足し算です。しかし、金融機関の場合、6月末に1兆円だった融資残高は、何もしなければ7月末には確実に減少します。

しかも廃業されたり、他の銀行に肩代わりされたりしてお客さまの数も黙っていれば減っていってしまいます。どんなに大きな油田でも埋蔵量は決まっていますので世界全体の石油の埋蔵量を増やすには新しい油田を見つけるしかありません。それと同じで、お客さまの数が増えていないのに、融資の残高を増やすことはできません。したがって、融資を増やしていくうえで新規先を獲得することは決定的に重要です。「攻撃は最大の防御」なのです。

少し具体的に言えば、例えば支店全体の法人融資先が200先程度だとして、それを4、5人で担当しているとすると、1人当たりの担当先は50先前後になります。すべてのお客さまが、毎年、お金を借りてくれるわけではないので、その程度の持ち駒で目標を達成するのは不可能です。

新規を獲得することのメリットは融資残高を増やすためだけではありません。

第一に、リスク分散効果です。「卵を1つのカゴに盛るな」と言われるように、小口分散はリスク管理の基本です。1社に10億円貸すよりも、1億円を10先に貸した方が、リスクは分散されます。融資先を増やすことは収益拡大のみならず、リスク管理上も大きな意味があるのです。

第二に新規先獲得に汗をかくと、自分自身、あるいは自分の支店の実力、レベルが客観的に把握できます。新規のお客さまを訪問した時、「うちはメガバンクと取引しているから」と断られたとしても、「そうですか。そのメガバンクさんからはどのような提案がありますか」と聞くことで、「なるほど、メガバンクは今、そんな提案をしているのか」と勉強になります。

実際、私には新規先を訪問することで自分の金庫がいかに時代遅れになっているかを思い知らされた経験があります。

いまでは業績評価の最大項目は収益と融資残高の増加ですが、私が駆け出しの営業担当者だった1980年代前半は、融資は評価項目にすらなっていませんでした。そんなときに、たまたま新規先訪問で顔を合わせた都銀の支店長さんに「都銀さんではどういう人が支店長になるのですか」と聞いたことがあります。すると、「そりゃあ、融資ですよ。預金集めはできの悪いやつにやらせておくのです。鈴木さんの金庫も一緒でしょ？」と言われて、本当に驚きました。当時、私の金庫では預金獲得で成績を上げた人が支店長になっていたからです。私は預金獲得ではそれなりの成績を上げていましたが、全く世間を知らない、井の中の蛙《かわず》だったわけです。

新規先獲得のメリットの第三は、「攻撃は最大の防御」ということです。新規先は何回訪問してもなかなか相手にしてくれませんし、何を聞いても木で鼻をくくったような答えしか返ってきません。そうすると、ふらっと立ち寄っても取りあえずは話を聞いてくれる既存先のありがたさが身に染みてわかるようになります。つまり、新規

〈図表 1-5〉 **新規開拓の意義**

内容／対象	意義
自　社	①地域社会への貢献 　より多くのお客さまに商品・サービス・情報を提供できる ②新規取引先数の増加による、住宅ローン残高の増加 　(1)“顧客の脱落”への対処 　(2) 取引先数の増加により、リスク分散になる ③自行庫のレベル・業界・世間の動向がわかる
既存客	①守りを強化する 　既存客の大切さを、新規開拓の難しさを通じて理解することができ、 　そのありがたさを実感し、さらに大事にするようになる ②情報提供の幅が広がり、慣れ・マンネリ防止にもなる
渉　外	渉外にとってもっとも困難なことに挑戦することにより、 ①成績が向上する ②渉外の技術が上がる ③新しいことに挑戦することにより、その面白さを味わい、やる気・人間 　的成長の糧となる

先を攻めれば攻めるほど、既存先を大事にするようになるわけです。また、新規先で仕入れた「ネタ」を活用することで既存先に対する情報提供の幅が広がり、既存先訪問の慣れやマンネリを防ぐことにもつながります。

そして何よりも渉外担当者自身の成長につながることが新規先獲得の最大のメリットでしょう。新規先の獲得は、渉外担当者の仕事のなかで、もっとももつらく、大変です。しかしだからこそ、新規先を獲得できたときの面白さは格別です。それは本人のモチベーションを高め、人間的成長の糧にもなります。

新規先を獲得することの重要性は、皆さんも頭ではよくわかっていると思います。しかし、それを日々の行動のなかで実践できているでしょうか。

新規先の獲得がなかなかできない原因は、訪問していないということに尽きます。いかにして訪問件数、頻度を増やしていくかについては、次節で詳しく説明したいと思います。

COLUMN

情報提供は情報収集の手段

お客さまへの情報提供といいますと、いったいどのような情報を持って行けばいいのか考えてしまいます。しかし、あまり難しく考える必要はありません。例えば、飲食店を経営しているお客さまに、「向こうのレストランのランチは3種類あって、値段はこう、メニューの中身はこうですよ」といったことを教えて差し上げることも立派な情報提供になります。なぜなら、そのお客さまは他のお店のランチに自分では行くことができないのですから。

新聞や雑誌のコピーを持参するといった、ちょっとしたことでも構いません。

「アマゾンはすごいよね」という話題になったならば、次に訪問する際に「そういえば、先日、アマゾンに関するこんな記事が載っていましたよ」と雑誌のコピーを持って行きます。同じ業界の情報でなくても、何とかして売り上げを伸ばそうと四六時中考えている中小企業のお客さまには意外と喜ばれるものです。

重要なのは、こちらから先に情報提供をすれば、お客さまの情報を収集しやすくなるということです。つまり、情報提供は情報収集のための一つの手段なのです。

3節　5つのプロセスで融資目標200％達成

（1）訪問する

さて、それでは、どのようにして融資を伸ばすのかという方法論にはいりましょう。

まず大事なことはゴールを先に設定し、そこに到達するために必要なプロセスごとに、具体的な計数目標（ＫＰＩ）を設定することです（逆算方式）。

経済活動はすべてインプットがあってアウトプットがあります。成果を上げるため

〈図表 1-6〉 **融資獲得のプロセスと行動を明確にする指標（KPI）**

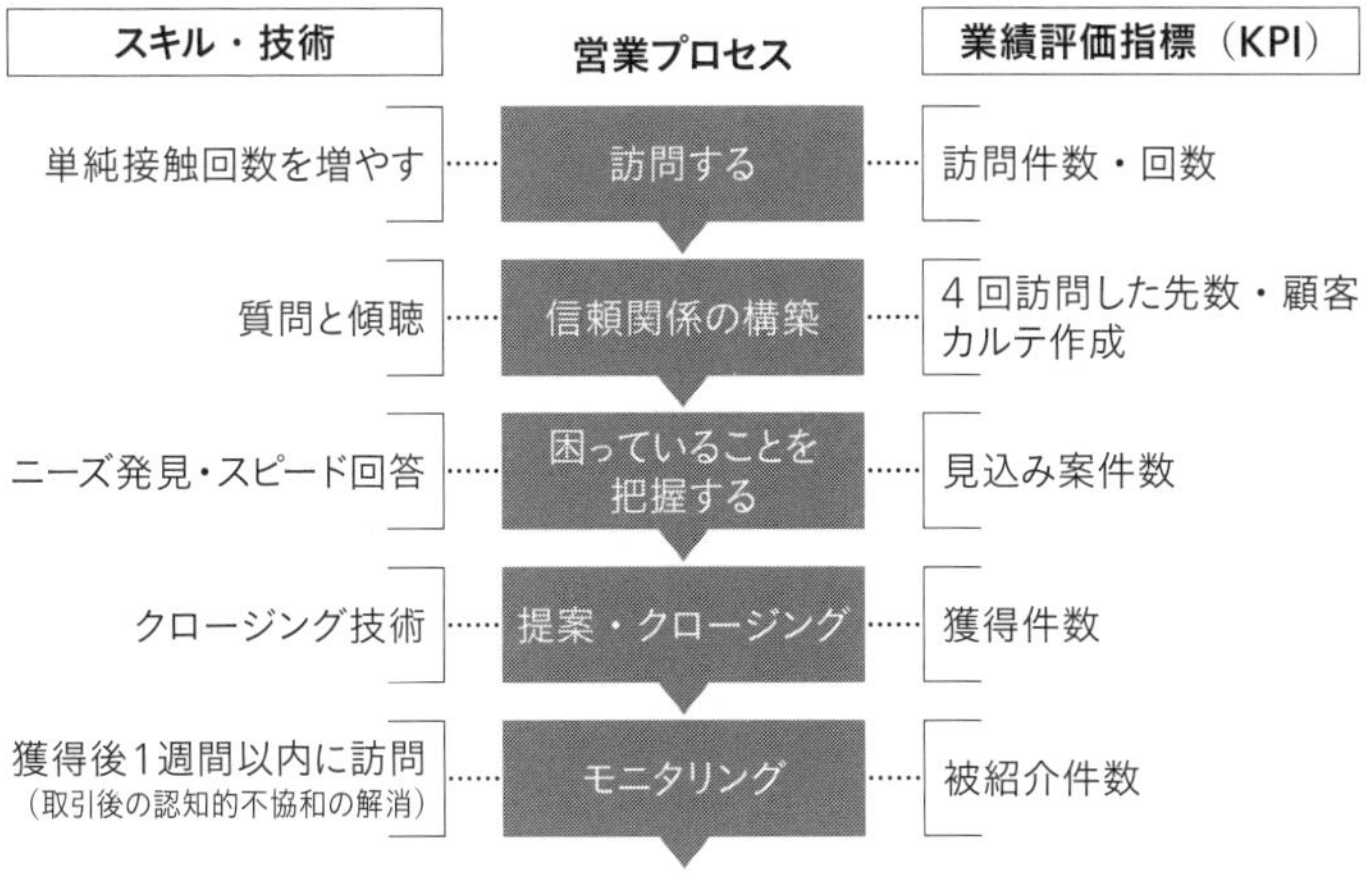

には、いろいろなスキルを身に付けるといったインプットが必要ですが、「訪問する」ということもインプットの一つです。「訪問する」というインプットがないのに、成果というアウトプットを得ようとしてもそれは不可能です。お客さまを訪問しない限り、成果は上がりません。当たり前のことです。

　そして、成果は「訪問件数×成約率」の掛け算で決まります。私は金融機関の役員の皆さんからしばしば、「成約率を上げたいのですが、何かいい方法はありませんか」と聞かれます。残念ながらその答えはありません。野球では打率（＝成約率）が注目されがちですが、金融機関に限らずビジネスの現場では打率よりもヒットの数（＝結果）がすべてです。打率が低いのであれば、とにかくバットを振る回数（＝訪問件数）を増やすしか方法がないのです。

しかも結果は自分ではコントロールできません。なぜなら、その商品を買うかどうか、お金を借りるかどうかを決めるのはお客さまだからです。その一方で訪問件数は自分でコントロールできます。訪問件数を増やすかどうか、それは自分自身で決めることができるのです。

「量をこなさなければ質は上がらない」という考え方を「質量転化」といいます。日本人は英会話の練習でも、「おかしな文法や発音だと笑われてしまう」と思い、「正しい文法」や「正しい発音」にこだわりがちです。これは「質」を意識したアプローチです。しかし、実際には文法や発音が多少おかしくても、とにかく英語で話す（「量」を意識したアプローチ）方が、英会話は上達します。融資の推進でも無駄なことや失敗はしたくないので、ついつい「質」からのアプローチをしてしまいがちですが、成果を上げるための近道は「量」、すなわち、訪問件数を増やすしかありません。

しかし、言うはやすく行うは難し。「訪問する」ことは簡単なようでもなかなか実践できていないのが実情ではないでしょうか。

なぜお客さまを訪問しないのでしょうか。新規先訪問を例にその理由を考えてみると、①訪問することに不安、心配、恐怖心があり、「失敗したくない」との思いから二の足を踏むという心理状態、②新規訪問をしなくてもあまり困らない、③訪問しない理由（言い訳）はいくらでもできる、④効果的な訪問の仕方がわからない、⑤惰性になってしまう――といったことが挙げられます。

確かに、十中八九、相手にしてもらえず、場合によっては「二度と来るな」とまで言われることもある新規先訪問は、誰しもが「できたら行きたくない」と思うでしょう。新規先の訪問とは、自行庫にまったく関心を持っていないことがわかっているお客さまに、飛び込みでアプローチをすることであり、門前払いされるのは当たり前のことです。むしろ、アポイントもなくいきなり訪問したお客さまがすぐに「実はこんなことで困っている」と悩みを打ち明けてくれたり、「よく来てくれた。さっそく取引したい」とおっしゃってくれたりしたならば、その方がおかしいのです。

私は「4回訪問の原則」と呼んでいますが、「二度と来るな」と言われながらも、4回、5回と訪問を続けると、お客さまの断り方にも微妙な変化が出てきます。例えば、「何回も来てもらって悪いけど…」といったような反応があったり、「うちは担保もないしどうせ融資なんかしてもらえない」と具体的な問題点を打ち明けたりしてくれます。それはお客さまがあなたに対して「申し訳ないな」という思いとともに興味を示してくれたことに他なりません。

もちろん、お客さまとの相性があるのは仕方ありません。逆に言えば、相性の合う、自分を気に入ってくれるお客さまを探し当てなければなりません。そのためには、とにかく多くのお客さまを回ること。そして、「これは」と思うお客さまに出合ったならば、断られても断られてもとにかく訪問を続けること。それが新規先獲得の王道なのです。私は部下たちを「4回目まではまず間違いなく門前払いをくらうはずだ。A銀行との取引が盤石だからうちの金庫と新規で取引をしてもらうのは無理だとか、ごちゃごちゃ言っていないで、とにかく食らい付いて訪問し、10回くらい訪問してから泣き言を言え」と鼓舞していました。

もっとも、支店長が「新規先を訪問しろ」と口を酸っぱくして指示をするだけでは現場は動きません。また、支店長も短期的に成果を上げたい気持ちは一緒ですから、「3回も行っているのにこの程度の情報しかないのか」などと言ってしまいがちです。

私は、若手の頃、支店長から「鈴木君には新規先を回れとは言っているが、成果を求めたり、情報を取ってこいと頼んだりはしていない。回るだけなら君でもできるだろう」と言われたことがありました。そこで、支店長になってからは、部下に「成果はいらない。とにかく「こんにちは」と言って訪問してくれ」と言い続けいくつかの仕組みを取り入れました。

まず使った手法が「手段の目的化」です。皆さんも赤穂浪士四十七士の忠臣蔵の話はご存じだと思います。あの物語で大石内蔵助の本来の目的は「浅野家の忠誠心を天下に示す」「武士としての面目を保つ」ことであって、吉良上野介を討つことはその手段にすぎなかったはずです。しかし、大石内蔵助は吉良上野介を討つという手段を、目的にすることで四十七士たちをまとめ上げました。

それと同じで、お客さまを訪問することは本来、新規先の獲得、融資の増加という目的を達成するための手段なのですが、私は支店長としてあえて、お客さまを訪問するということ自体を目的として掲げたのです。

「こんにちは」だけでいいから、とにかくお客さまに会ってこい」といって、毎日、部下を送り出しました。また、「今日は2回目の訪問でしたが社長と30分も話すことができました」と報告してきた担当者には「訪問の中身（質）はまだいい。まずは回数を増やせ。10分経って、話が盛り上げかけたところで引き上げろ。そうすれば話の続きを聞きにまた訪問できるはずだ」「社長が留守だとわかっていても「近くまで来ましたので」と言って名刺だけでも置いてこい」などと鼓舞しました。

また同時に、「種まき」の重要性を認識させせました。経験上、新規先の獲得は早くても半年はかかります。芽が出るのに3カ月、花が咲くまで半年ということです。ところが、金融機関では、半年先の種まきをしている人よりも、目先の目標にこだわる人の方が高く評価されがちです。私自身、その月の目標は達成しているにも関わらず、「半年先の種まきとは、鈴木は気楽でいいよな」とずいぶん嫌みをいわれました。でも3カ月後、半年後、1年後は必ず来ます。今から種をまいておかなければ間に合いません。

優秀な営業マンのことを「彼が担当した後はぺんぺん草も生えない」などと言いますが、種まきもせず、刈り取れるだけ刈り取ってしまうような営業スタイルは間違いです。

もちろん、だからといって、今月の目標は達成しなくてもいいということではありません。目標はきちんと達成しつつ、種まきもする。そのためにはメリハリ、切り替えが重要です。

私の支店では週に2、3日を「種まきデー」にしました。その日は成果を一切、問わないことにしたのです。

「今日は成果がなくてもいいのですか」

「なくて構わない。新規先を回って3カ月後、半年後のネタを探してくれれば、それでいい」。

そう言うと、「今日は責められない」と思ってみんなうれしそうな顔をして新規先訪問に出掛けて行きました。ネタを探せばいいだけなので、各自がいろいろと工夫をするようになり情報をキャッチするアンテナの感度が高まったという成果もありました。週に2、3日、「種まき」をするのが難しければ、例えば、「週に2回、午後の2時間」といった形でも構いません。大事なのは、「種まき」を習慣化することです。

しかし、新規先訪問は断られることの繰り返しですから、個人のモチベーションに任せていただけでは限界があります。しかも、前述したように、新規先訪問をしなくてもあまり困らないし、訪問しない言い訳はいくらでもできることから、惰性的になってしまいがちです。

こうした状況に陥らないようにするためには「個人ではなくチームで取り組む」ということが重要です。具体的には、新規先の訪問件数の目標も、個人ではなくチームで立て、そのプロセスをチームで記録し管理するといった「見える化」を図っていくということです。担当者ごとにお客さまを何回、訪問したかだけを示した一覧表も掲示しました。もちろん、その一覧表には成果は一切記録しませんでした。そうすると、それまではいろいろな理由を見つけては訪問回数を増やせないと言っていた担当者た

〈図表 1-7〉 **4回訪問の原則**

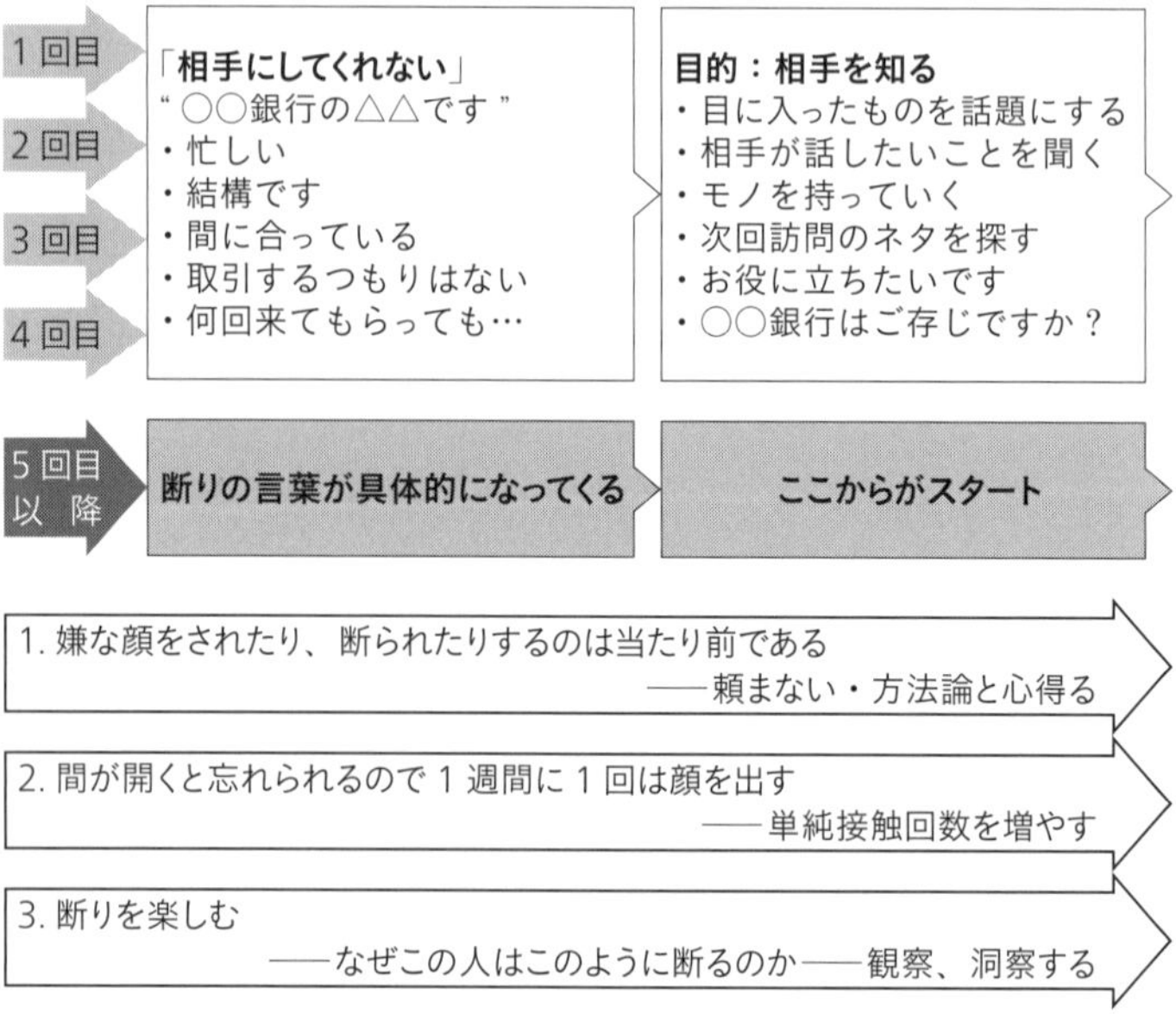
1回目
2回目
3回目
4回目
「相手にしてくれない」
“○○銀行の△△です”
・忙しい
・結構です
・間に合っている
・取引するつもりはない
・何回来てもらっても…
目的：相手を知る
・目に入ったものを話題にする
・相手が話したいことを聞く
・モノを持っていく
・次回訪問のネタを探す
・お役に立ちたいです
・○○銀行はご存じですか？
5回目以降
断りの言葉が具体的になってくる
ここからがスタート
1. 嫌な顔をされたり、断られたりするのは当たり前である
——頼まない・方法論と心得る
2. 間が開くと忘れられるので1週間に1回は顔を出す
——単純接触回数を増やす
3. 断りを楽しむ
——なぜこの人はこのように断るのか——観察、洞察する

〈図表 1-8〉 **4回訪問の原則は方法論**

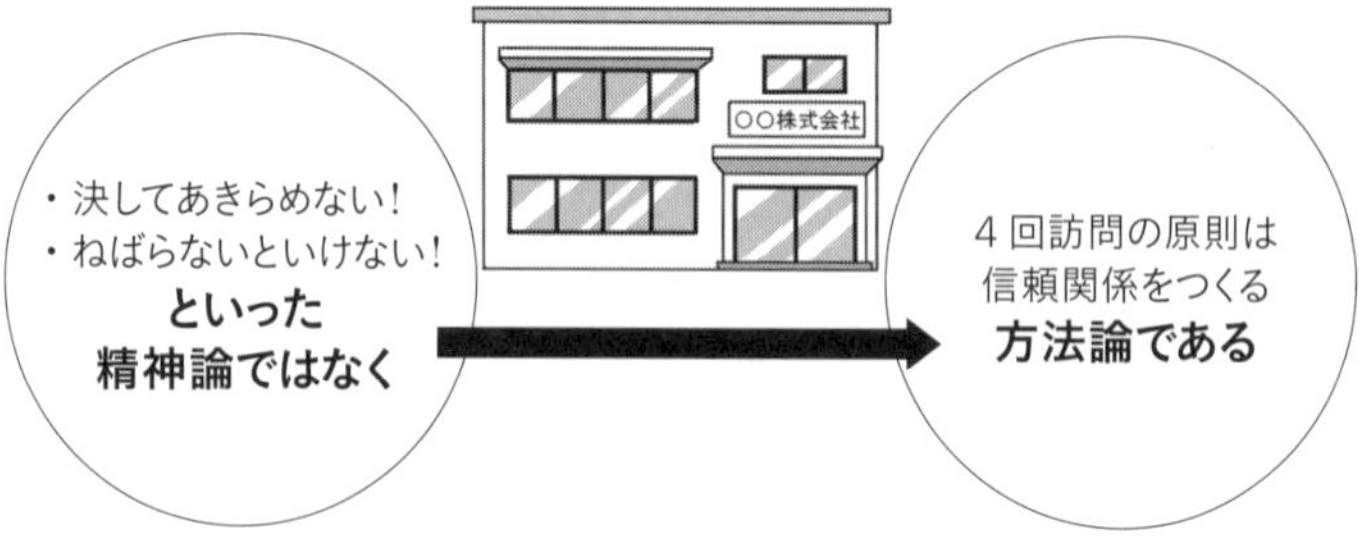
○○株式会社
・決してあきらめない！
・ねばらないといけない！
といった
精神論ではなく
4回訪問の原則は
信頼関係をつくる
方法論である

ちが、競うようにお客さまを訪問するようになったのです。成果を問われないのですから当然と言えば当然なのですが、これは大きな変化でした。

「チームで取り組む」ことの有効性の説明は次節に譲るとしますが、シカゴ大学のリチャード・H・セイラー教授は、「がみがみ言う（nag、ナッグ）よりも肘で軽く突く（nudge、ナッジ）ような、ちょっとした後押しの方が人の行動を変え良い結果につながる」という行動経済学のナッジ理論でノーベル経済学賞を受賞しています。チームで取り組むということは、隣の席の人がお互いに「今日は新規先を回ったか」と肘でつつきあうことなのです。

COLUMN

心のブレーキ

「新しいことにチャレンジしたいのだけれども行動に移せない」「目標は立てたけれど思うように実行できない」。こうした経験は誰にでもあるものです。ではなぜ、人は頭で理解していても行動できないのでしょうか。その要因の一つは「心のブレーキ」の存在です。

人の脳はとっさに車をよけるなどかなりの部分で無意識のうちに行動を決定しています。つまり、人が行動するときには「無意識の思考」が働き、意識的に考える前にどう行動するかを決定しています。たくさんの人の前で手を挙げて質問をできる人は緊張したり不安だったりする心のブレーキがなく、質問できない人は心のブレーキが働いてしまっているわけです。ところが、質問できない人は「自分は恥ずかしがり屋だから」「引っ込み思案の性格だから」と自分の性格のせいだと思っています。営業でも「訪問先で断られたくない」「訪問しても成果が上がるとは限らない」「うまくいかなかったらどうしよう」といった心のブレーキが行動のじゃまをしています。

では心のブレーキを外すにはどうすればいいのでしょうか。脳科学の分野では、脳は①イメージに強く反応する、②感情に反応する、③現実と空想の区別がつかないとされています。そこでこうした脳の特徴を利用して、成功しているイメージを思い浮かべたり、目標は必ず達成できると自己暗示をかけたりすることで、心のブレーキは外れやすくなります。

もう一つ大事なことは自分自身でコントロールできないことに関しては一喜一憂

しないということです。先ほどの例でいうと、「自分が質問しておかしなことを言ってしまったら恥ずかしい」「自分が手を挙げたら他の人はどう思うだろうか」などと考えてしまうと、心のブレーキがかかってしまいます。しかし、手を挙げて発言した結果、それを他の人がどう受け止めるかは自分ではコントロールできません。そんなことに思い悩むよりも、自分の考えをわかりやすく、はっきりと話すといった自分自身でできることに注力する方がよほど生産的です。そしてそのことに集中すればするほど、心のブレーキは外れやすくなります。

(2) 信頼関係の構築

新規先を獲得する、既存先に融資をする、そのためにはまず、お客さまのニーズつまりお客さまが困っていることを把握しなければなりません。それはセールストークやノウハウだけがあってもできません。人間性も含め、お客さまとの間で信頼関係ができていて初めて把握ができます。

金融庁が金融仲介機能の発揮に向けてその実践を求めている事業性評価も、多くの金融機関から「そんなことは今でもやっている」「何を今さらそんなことを言うのか」

といった声があがりましたが、「真の事業性評価」を行うためにもお客さまとの信頼関係の構築は重要なポイントになります。

信頼関係をつくるうえで、やってはいけないことが4つあります。

第一に、当たり前のことですが、礼儀やマナーを守らないこと。あいさつ、名刺交換、面談態度・表情など、どんなときでもお客さまを立てる振る舞いをしなければなりません。

第二に、自己中心にならないこと。例えばお客さまに「運転資金を借りてくれませんか」というお願いをすると、私＝売り込む人、お客さま＝売り込まれる人という一種の敵対関係のような感じになってしまいます。実際に、「金融機関は相談相手ではなく交渉相手」という声は中小企業の経営者から多く聞かれます。お願いセールスは、自分の都合や成績しか眼中にない自己中心のセールスです。お客さまのニーズには関心を払っていません。それでは信頼関係をつくりようがありません。それどころか、あまりしつこくお願いをすると、「もう来なくていい」と出入り禁止を言い渡されてしまうかもしれません。そうではなく、お客さまのゴールに向かって「一緒に走りましょう」と伴走する姿勢になることが大切です。

第三に、一方的にしゃべること。信頼関係を築くには、胸襟を開き、本音で話し合

〈図表 1-9〉 **お願いセールス（1）**

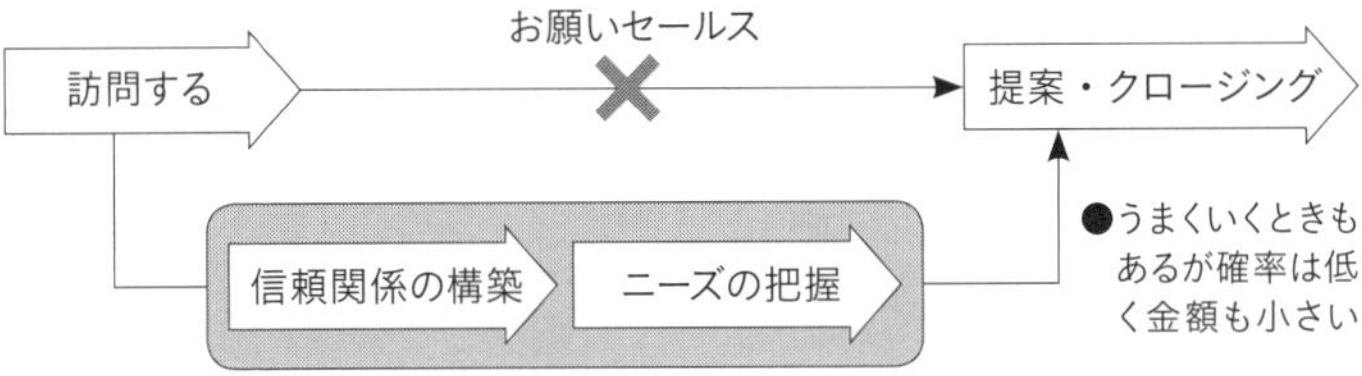
訪問する
お願いセールス
提案・クロージング
信頼関係の構築
ニーズの把握
●うまくいくときもあるが確率は低く金額も小さい

基本プロセスどおりに行動するとよい
①時間がかかり面倒な気がするが、プロセスどおりの方が確実で早い
②信頼関係がなければ何百万、何千万円のお金は動かない
③お客さまは自分の困っている（ニーズ）を解決するためにお金を借りる

〈図表 1-10〉 **お願いセールス (2)**

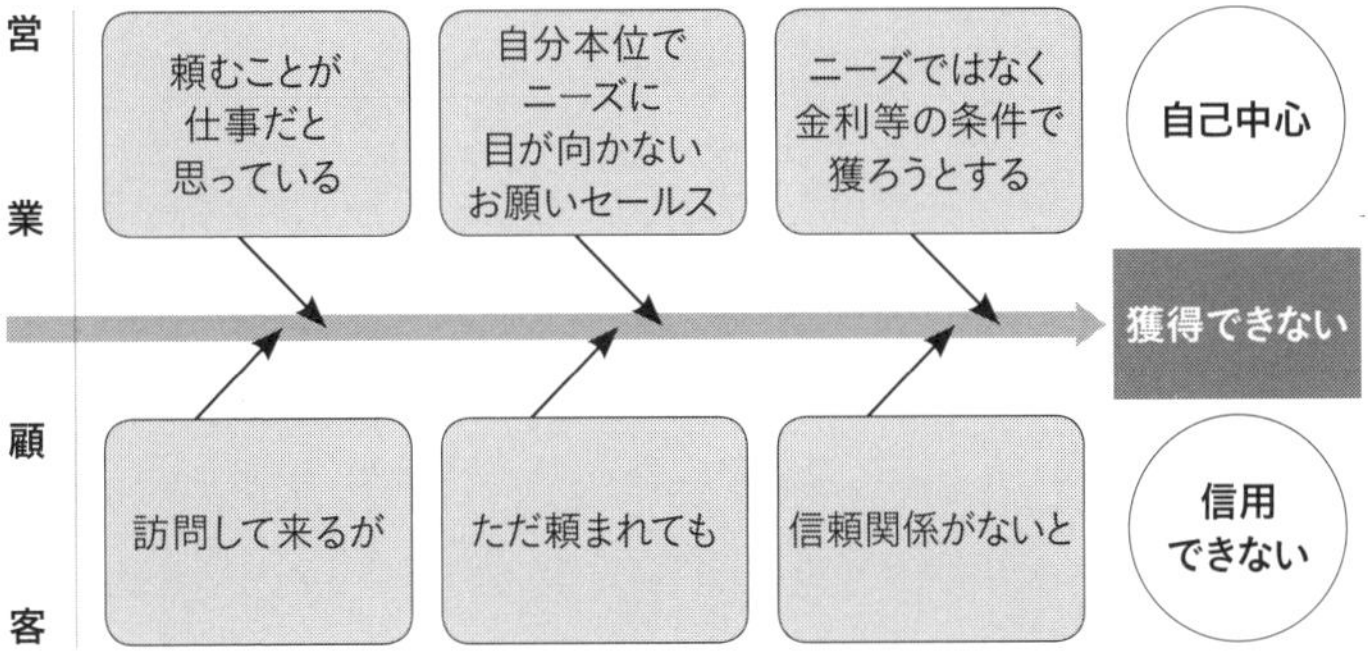
営業
頼むことが仕事だと思っている
自分本位でニーズに目が向かないお願いセールス
ニーズではなく金利等の条件で獲ろうとする
自己中心
獲得できない
顧客
訪問して来るが
ただ頼まれても
信頼関係がないと
信用できない

〈図表 1-11〉 **お客さまとのゴールの共有**

サポートしますので一緒に走りませんか?
一緒に走りたいです!

い、お互いをよく知ることが大事です。信頼関係を築くために訪問しているのに、お客さまの話をろくに聞きもせずに自分でしゃべってしまう。それではお客さまは悩みを打ち明けてはくれません。

第四に、言行不一致です。皆さんは「そんなことはしていない」と反論するかもしれませんが、言っていることと行動が伴わないようなケースは少なくありません。例えば、お客さまから質問を受けてその場では答えられなかったので「来週の月曜日までには調べてご連絡します」などと返答することはよくあると思います。しかし、すぐに成果に結びつかないような相談事だと、つい、お客さまに連絡をするのを忘れたり、後回しにしたりしていませんか。それはお客さまとの約束を破ったことになります。「明日の朝一でご連絡します」「支店に戻ったら確認してご連絡します」――。どんなに小さなことでもお客さまとの約束をきちんと果たす、つまり言行を一致させることができなければ、信頼関係はつくれません。

私は支店を異動すると、「まずはお客さまとの信頼関係をつくり、それからいろいろ提案をしていきたいので、半年くらいは最低限の成績しか上げられません」と宣言していました。信頼関係ができていないのにお願いセールスをすると、「今度の担当者はいきなり頼んできて、自分のことしか考えていない」と評価されてしまい、下手をすると、他のお客さまの間でも「鈴木という担当者は安直で押しが強いだけ」「注意しないといいようにやられてしまう」といった悪い評判が立ってしまうからです。

研修などで「あなたはお客さまと信頼関係を構築できていると思いますか」と聞いてみることがあります。自信を持って「あります」と答える人はだいたい3分の1、残りの人は、「たぶん、できていると思います」「わかりませんが取引をしてもらっていますから…」などとあいまいな答えしかできません。

お客さまと信頼関係ができているかどうか、できていないのであればそれがなぜなのかを改めて自問してみましょう。

(3) 困っていることを把握する

そもそもお客さまは、なぜお金を借りるのでしょうか。自分の困っていること、悩みや課題を解決するために借入をするのです。お金を借りることとは、それが目的なのではなく、悩みや課題を解決するための「手段」「ソリューション」にすぎません。本当ならば借金など誰もしたくはないはずです。

地域金融機関の目的も、「融資をする」ことではなく、お客さまの悩みや課題を解決することです。そのためにはお客さまが何に困っているのか、そのニーズを把握しなければなりません。

お客さまが抱えている問題や課題・ニーズは、顕在的なニースと潜在的なニーズの2種類があります。

顕在的なニーズは、例えば、中小企業であれば「生産性を上げるために機械を新しく導入したい」という設備投資のニーズや、個人のお客さまであれば「マイホームが欲しい」といった住宅ローンのニーズなど、目に見えるものが多いので比較的容易に把握できます。ただ、中小企業の場合、設備投資を頻繁にするわけではありませんし、個人のお客さまのマイホーム購入も何度もあるわけではないので、顕在的なニーズは限られます。

これに対して潜在的なニーズは、「資金繰りを安定させたい」「今の住宅ローンの金利が高いので何とかしたい」といったような悩み・課題に根ざすものであり、そうした悩みや課題をいかにして掘り起こしていくかが重要です。

しかし、お客さまから「実は…」と悩みを打ち明けてくださることはまれです。悩みというのは基本的に弱点、問題点であり、他人、特に金融機関にはあまり知られたくないと思うのが普通です。お客さまが抱えている悩みを把握するためには、「運転資金は足りているだろうか」「設備は古くなっていないだろうか」というように、いろいろな仮説を立てて、それをお客さまにぶつける質問スキルが必要です。

また、潜在的なニーズは経営者本人も気づいていないことがあります。例えば、借入金の返済原資は「税引後利益＋減価償却費」ですが、中小企業の9割近くが過剰返済になっています。税引後利益が７００万円、減価償却費が３００万円の中小企業の返済可能額は１０００万円なのに、１５００万円返済しているようなケースが非常に多いということです。こうした場合、経営者は毎月の返済額の多さが資金繰りを厳しくしていることは理解しているのですが、では、資金繰りに余裕をもたせるために、例えば借入金の一定額を当座貸越に振り替えるとか、長期借入の期間を5年から、7～10年に延ばすといった「ニーズ」があることには気づいていません。

もちろん、金融機関にしてみますと、既存の融資を「あるとき払いの催促なし」の当座貸越に切り替えることは、リスクが増えますから「担保がないと無理」という結論になりがちです。しかし、赤字が何年も続いているような企業ならともかく、黒字で業績が安定しているような企業であれば、「2期連続赤字になった場合は新たな保証人・担保を提供します」といったような軽いコベナンツ（財務制限条項）を組み合わせるなど、工夫の余地はいくらでもあります。

熱が出てカゼかもしれないなと思って病院に行ったときのことを思い出してみてく

ださい。診察を受けると、医者からまず「熱は何度ありますか？　それはいつからですか？　他にどのような症状がありますか？」などと問診をされます。そして、必要があれば検査をしてもらい、そのうえで薬の処方箋をもらいます。

ニーズを把握しないでお客さまに提案するのは、カゼかどうかわからない人に問診も検査もせずに「この薬を使ってみてください」と処方箋を渡すのと同じです。適切な処方箋を出すためには問診と検査が必須のように、お客さまにふさわしい提案をするためには、まず、ニーズの把握が欠かせません。

お客さまのニーズに合った提案であれば、それによってお客さまは悩みを解決することができるわけですから、金利競争に巻き込まれることもありません。序章で紹介したように、同質化した市場では「価格競争がどれほど激烈であっても、価格以外の要素が必ず考慮される」からです。お客さまのニーズに応えた提案であれば、多少、金利が高くとも借りてくれるはずなのです。皆さんが買い物をするとき、本当に欲しいものであれば、多少値段が高くても買うのと同じことです。

そもそも、現在の低金利状況のなかでは、金利が0・1％違ってもお客さまに支払っていただく利息はほとんど変わりません。1000万円の借入で年間、わずか1万円、毎月にすれば800円程度です。お客さまのニーズさえ把握できれば、毎月

〈図表 1-12〉 **なぜ、お金を借りるのか？**

〈図表 1-13〉 **融資増加**

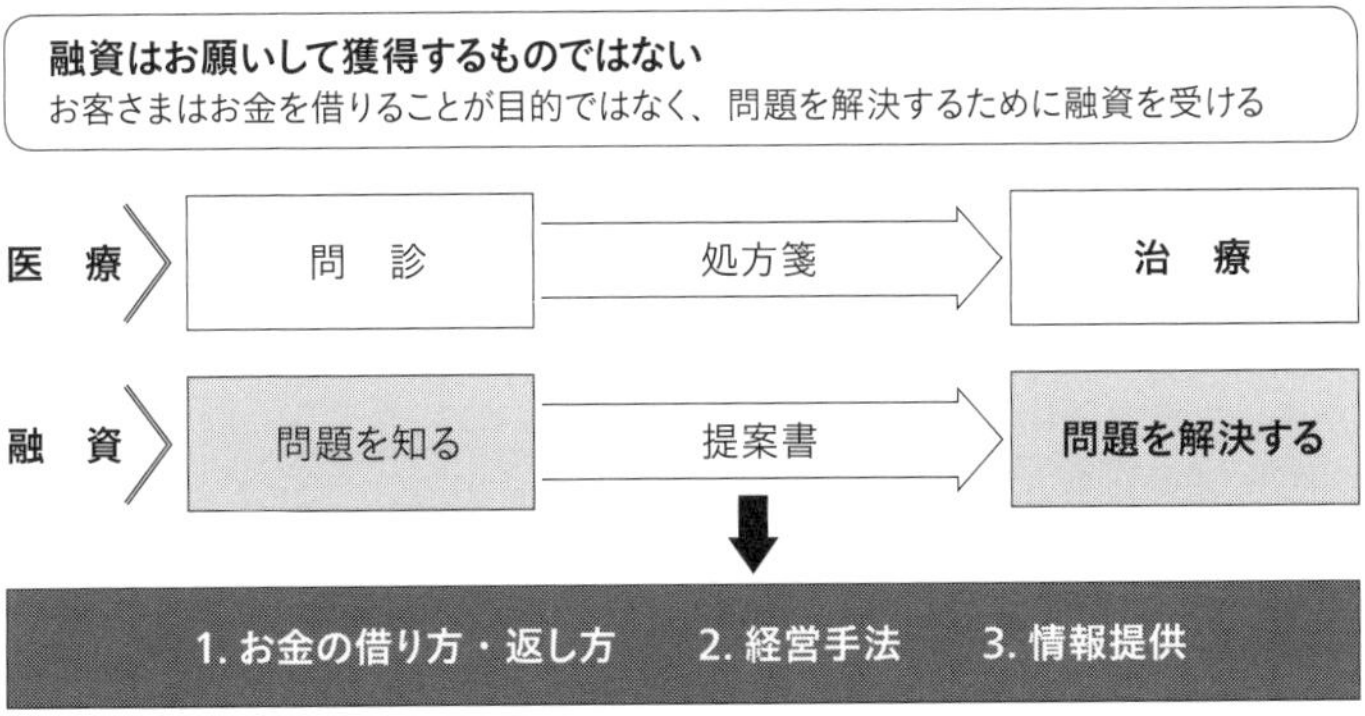

〈図表 1-14〉 **資金繰り——ゴールは当座貸越**

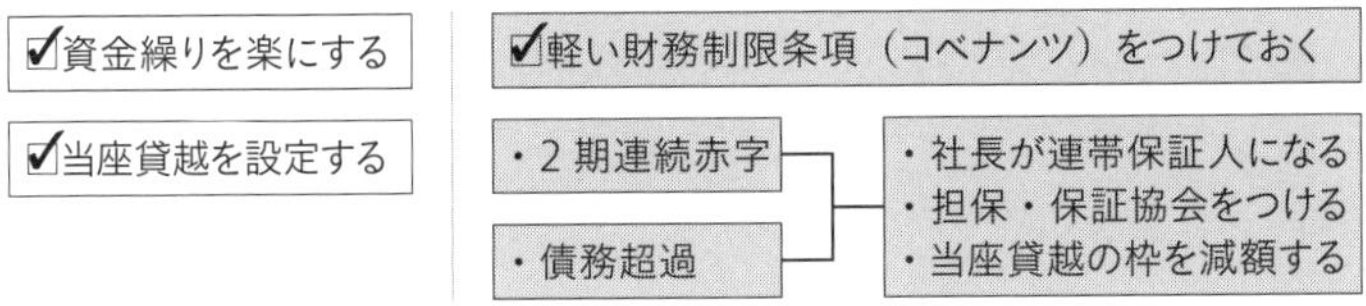

800円に見合った提案、付加価値をお客さまに提供していくことはさほど難しいことではありません。

COLUMN

金利が高いことは悪いこと?

営業の現場ではお客さまから、「他に金融機関がおたくよりも0・1%低い金利でどうかと言ってきた。同じ金利まで引き下げてくれないなら、そちらで借りようと思っている」などと言われることがよくあると思います。そのようなとき、私はまず、前述したように、お客さまに金利ではなく、実際に利息として支払う金額を考えてもらうようにしました。「社長、低い金利で借りるのはいいですけど、年間の支払利息はたった1万円しか違いませんよ。集金やちょっとした相談にのっている私ども金庫の価値は、年間1万円もないということですか」と率直に申し上げたこともありました。足しげく訪問したり、集金をしたりすることは、立派なサービスなのですが、お客さまはあまり意識していません。

また、メインバンクであれば「最後まで責任を持つ」ということがお客さまに提供する大きな付加価値になります。実際に、「社長さんはお金を借りるときに、金利が低いかどうかで金融機関を選ぶわけですよね。そういうことならば、うちはメインをひかせてください。他の金融機関と比べてうちの金利は高いので、いざというときに、融資できないと思いますので」と話をしたら、お客さまが「それは困る」とおっしゃって、金利の引き下げ要求を引っ込めたことが何度かあります。

金利が高い、イコール「悪いこと」だとお客さまも皆さんも思い込んでいるのではないでしょうか。金利が高いか低いかではなく、金利に見合った付加価値を提供しているかどうかが重要なのです。そしてそれを実現するために、お客さまのニーズの把握は欠かせません。

（4）提案・クロージング

①複数の提案

お客さまが抱えている顕在ニーズ、潜在ニーズを把握したら、その解決策を提案し

〈図表1-15〉 **クロージング5つの心得**

1	獲得するには、戦略と戦術が必要となる——「24の技術」
2	戦いは、戦う前から始まっている——準備する
3	心理戦である——相手をよく知る
4	所詮は度胸である——失敗を恐れない
5	テクニックだけでは獲得できない——信頼関係があってのこと

ます。お客さまが困っていたり、悩んでいたりすることが資金的な問題であれば、当然、融資の提案をすることになります。ただその際に、せっかくの提案が逆効果とならないよう、本当にお客さまのニーズに合った内容かどうかをよく考えなければなりません。

お客さまが金融機関にいちばん望んでいることは、「必要なときに必要な額を確実に貸してくれる」ということです。したがって、あるお客さまが「3000万円の新しい設備を導入する資金として、期間5年、2000万円の借入をしたい」というニーズをお持ちの場合、「期間5年、2000万円」の融資提案をスピーディーにするのは当然です。しかし、それだけでは十分とはいえません。

お客さまの収益力や内部留保、さらにはその新しい設備を入れることで今後の売上や収益はどうなるのかといったことなどを検討したうえで、2000万円という借入金額は果たして妥当なのか、5年という返済期間で無理はないのか、担保や保証はどうするのかといったことを組み合わせて、複数の提案をすべきです。「借入は2000万円というお話でしたが2500万円という手もありますよ」「返済期間は5年ではなく7年にした方が資金繰りにも余裕が出ますよ」といったように、いくつかのパターンを提案することが重要です。

一方で、経営者にとっていちばん関心があることは借入ではなく、売上であり利益をいかにして上げていくかということです。したがって、融資の提案を行うタイミングで、経営そのものに関する相談や情報提供を行うことは、他の金融機関との差別化につながります。そうしたことも踏まえて、お客さまと相談しながら案件を組み立てていくことが求められます。

また、お客さまのニーズをとらえて融資の提案をする際も、「貸すも親切、貸さぬも親切」の精神を忘れてはなりません。ここぞというときに「マーケットの状況や今後の売上の見通しを考えると、今は設備投資に踏み切らない方がいいと思います」というアドバイスができるかどうかは地域金融機関に求められる重要な役割です。

②書面での提案

提案にあたってはもう一つ大事なことがあります。それは口頭ではなく、「提案書」のような形にして、「紙」で提案をするということです。大企業などに対して資金調達の提案をするときには、パワーポイントで作りこんだ立派な提案書をもとにプレゼンテーションをするのが当たり前になっていますが、中小企業のお客さまに対しては、いまも口頭で説明して「握る」ようなことが多いのではないでしょうか。

提案書といっても、特別に作りこむ必要はありません。用意したいくつかの提案ごとに融資金額と金利と期間、担保・保証などについて記載してあれば十分です。そんな簡単な内容でも、たいがいのお客さまは、「おたくはちゃんと提案書を用意して持ってきてくれるんだね」とおっしゃってくださるはずです。「社長、それはそうですよ。何千万円という融資なのに、口約束だけではいけませんから」「それはそうだな」――。こんなやりとりからも信頼関係は深まるものです。

皆さんのなかには「日頃からコミュニケーションをしっかりとっていて信頼関係があるのだから、提案書みたいな形式的で堅苦しいものは出さなくてもいいのでは？むしろ、相手は自分が信用されていないと思ってしまい逆効果なのでは？」と思う人もいるかもしれません。しかし、親しき仲にも礼儀ありです。特にお金の貸し借りに関するやりとりは、何らかの「形」で残しておくことが結果的にその後の信頼関係を維持することにつながります

お互いに悪気はないのですが、口約束だけだと、お客さまも金融機関も勝手に自分に都合よく解釈したり、記憶したりすることがあります。いざ借入の契約書類に判を押す段階になって、「ちょっと聞いていたことと違う」「そんなことは聞いてない」というような、いわゆる「言った・言わない」に類するトラブルとなることも少なくありません。

よくあるのは、保証協会の保証料について「言った・言わない」でもめるケースです。保証協会の保証料は借入金額によっては100万円近くかかることもあります。ところが、提案の段階では「保証料が0・8%かかります」とは言っても、具体的にいくらになるかということは知らせてなかったりします。そうすると、実際に借入の契約の段階になって、「保証料が0・8%とは聞いていたけど100万もかかるとは知らなかった」「もっと早く教えてくれれば借入金額や期間をいろいろ考えたのに」「○○信金さんにはがっかりだ」ということになり、お客さまのことを思ってあれこれ工夫した融資案件が、最後の最後に台無しになりかねません。

そうしたことを避けるためにも、提案の段階できちんと記録に残すこと、つまり提案書を作成することが大事です。そしてそれは他の金融機関が口頭で提案することが多いなか、差別化の一つの材料にもなります。

③場の設定

さて、お客さまのニーズを踏まえながら、用意した複数の提案を組み合わせ、最終的な融資案件に仕立て上げると、いよいよお客さまに「借りるか、借りないか」の決断を迫るクロージングの場面に入ります。

クロージングでもっとも大事なことは「場の設定」、お客さまに決断を迫る場所をどこにするのかということです。場所の設定でクロージングできるかどうか、成果が上がるかどうかがほとんど決まってしまうといっても過言ではありません。

交渉の場所としてはホーム（自分の支店）、アウェー（お客さまの会社）の2つが考えられますが、可能な限りホーム、つまり自分の支店で行うべきです。なぜならホームの方が圧倒的に有利だからです。

一般的に、人は経験値が高い行動ほど強くなります。言い換えれば、習慣化された行動であればあるほど強く、有利になるのです。わざわざ相手の会社に出向くより、

〈図表 1-16〉 **ホームで戦う**

慣れた自分の支店に招き入れた方が圧倒的に有利なのは目に見えています。交渉ごとは「相手の土俵で相撲を取らないようにする」ことが大切とよく言われますが、クロージングも同じです。

また、クロージングではこちらが圧倒的に優位に立てるように、ランチェスター戦略の「3：1の原則」を応用して、例えば相手が1人なら、こちらは3人で対応するようにしましょう。3対1という数的優位は、相手にとって大きなプレッシャーになります。

また、3人いれば数的優位になるだけでなく、商談の流れが好ましくない方向にいったり、膠着《こうちゃく》状態に陥ったりしたときに、流れを変える手が打てます。あらかじめ同行者と打ち合わせをしておき、商談の頃合いをみて、私に耳打ちさせる「ささやき戦術」もその一つです。こうすることで、「沈黙」の時間ができます。この時間が重要なのです。

例えば肩代わりの案件で先方の社長が「私がこれまでお世話になった銀行に出掛けていって、別の銀行から借りることにしたと言わなければならないのですよね」と言い出すことがあります。相手は腰が引けているのです。そのとき、「そうですか…」と言って間を空けます。そして、横から部下に「そろそろですかね」など、どうでもいい話を耳打ちさせるのです。それを受けて、「そうか、じゃあそうするか…」と言い、「わかりました。社長、それではうちから1人ついて行きますので」と言います。

どうしてこうしたことが、膠着した場面でとっさにできるのかというと、あらかじめ詰め将棋のように、相手の出方と対応を考えられる限り考えてからクロージングに臨んでいるからです。これは「最後の詰め」であるクロージングにおいて、もっとも大切なことといえます。

補足ですが、「ささやき戦術」は、いったん間を空けて提案することで、「真剣にあなたの悩みや要望を受け止めています」というメッセージにもなります。新たな取引が始まるにあたって、このアドバンテージは案外大きなものとなります。

しかし、どうしてもクロージングを「アウェー」で行わなければいけなかったり、数的に不利な状況になってしまったりする場合もあるでしょう。その場合の戦術の一番手は、後述する「奇襲型」です。

圧倒的に不利な状況に陥ってしまった場合は奇襲型の方が有効です。勝負事は、本来勝つか負けるかの半々の確率です。しかし、場の設定や数的に不利な場合、まともにやったら勝てません。そこで相手が思ってもいない質問をするのです。

「社長、うちの今回の提案は１００点満点でいうと何点ぐらいですかね？」

「えっ？　何点て…、まあ70点くらいかねえ…」

「そうですか。では足りない30点は何ですか、教えてもらえませんか？」

「何ですかと言われても…」

「じゃあ、それについては、こういうことでいかがでしょうか？」

相手は「当行は、金利これで、担保はあれで、返済はそれで、どうでしょうか」と言ってくると身構えているものです。しかし、こちらは「何点ですか？」としか聞きません。人は、聞かれれば答える習性があります。質問されれば答えてしまいます。

私の経験ですと、だいたい差し障りのない70点くらいを付けます。そうしたら、取引するには何が足りないのかを聞けます。突破口がわからなければやりようがありません。相手が何を気にしているのか、それを話してもらう必要があります。

たとえ、今回うまくいかなかったとしても、このようなことをしてくる金融機関などありませんから、相手に強く印象を残せます。それが後々の布石にもなります。

④三手の読みと鳥瞰《ちょうかん》

クロージングに際しては「三手の読み」も重要です。将棋の世界では「自分がこう指す。すると相手はこう指してくる。そこでこちらはこう指す」というように三手先まで読んで次の一手を指すことが基本となっています。クロージングの場面も同じです。

まず一手目はこちらから提案するわけですので自分で勝手に打てます。そうすると、相手のお客さまは「金利は？　担保は？」とあれこれ言ってきます（二手目）。そこを見越したうえで、「そういうことを言ってきたらこうしよう」という三手目を想定して一手目を打つ。つまり提案をする前に三手目を考えておくということです。簡単そうに見えますが、「相手がこうしてくる」という二手目の部分は死角になりがちです。「自分に都合よく解釈していないか」「お客さまが思ってもいないような良い案はないか」ということを論理的に考えます。そのときに大事なことは相手の立場に立って、相手の価値観で判断するということです。

〈図表 1-17〉　**三手の読みと鳥瞰**

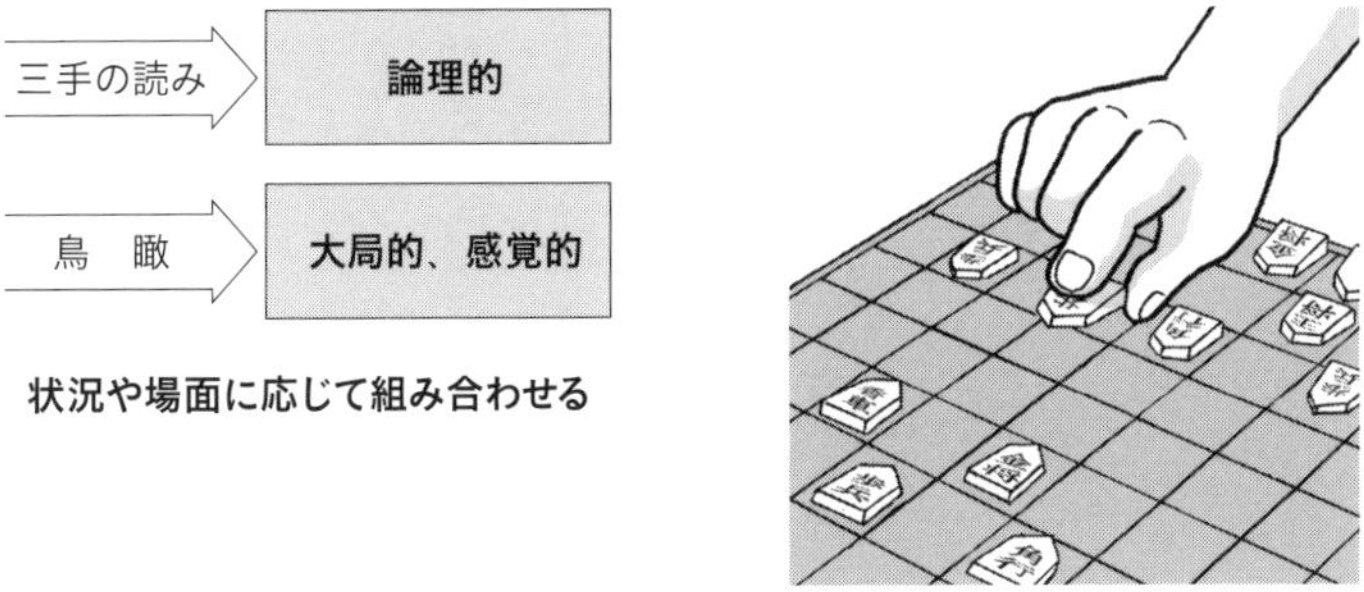

◆ロジックだけでも感覚だけでもだめで、
三手の読みと鳥瞰を使い分けて選択肢を見つけていく
◆大きく見ること、小さく突き詰めることのバランスが大事である
――両輪

もっとも「三手の読み」だけを考えても「木を見て森を見ず」になりかねません。そこで空を飛んでいる鳥が全体を見渡すような大局観をあわせて持つように心がけましょう。過去を振り返ってみて、こういう経緯をたどってきたからこの提案の仕方で問題ないな、お客さまのニーズに照らしてこの条件でも大丈夫だな、といったようなことを大ざっぱな感覚でとらえることが必要です。

三手の読みと鳥瞰を状況や場面によって組み合わせることで、交渉の無駄が省け、成約率は大きく上がります。

⑤クロージングの技法・話法

クロージングの技法、テクニックは皆

さんの性格やスキルに応じていくつもあります。ここでは代表的な技法をいくつかご紹介しておきたいと思います。

a. 直接型

クロージングの交渉の席で案件の話に入ったら、まず、初めに「今から提案させていただきますが、特に問題がなく、社長が気に入っていただけたなら、今日決めてください」と、決断を促す言葉を最初に言ってしまうことです。そうすることで、交渉の場に緊張感が生まれ、お客さまにもこちらの真剣さが伝わります。

b. ラダーアップ

相手が承諾しやすい要望から交渉を始めて、徐々に重要な要望をしていく手法です。人はみな、ずっとYESと言っていると、急にNOとは言いにくいものです。それは、「自分の行動や考えには一貫性を持たせたい」と思っているからです（「一貫性の法則」）。図表1-18例でいえば、最初に定期預金を50万円預けると約束した以上、「100万円にしてもらえませんか」と言われて断れば、一貫性に欠けてしまいますので了承する可能性が高いということです。

〈図表 1-18〉　**ラダーアップ**

50万円定期預金を
お願いします
いいですよ！
できましたら
100万円お願いできると
うれしいです
そうだね、
いいよ！

□相手が承諾しやすい要望から始めて、徐々に大きくしていくクロージング手法

一般的に、「人は自分の行動や考えには一貫性を持たせたい」という心理傾向があります(一貫性の法則)

この場合「50万円」を受入れたのに、そのあとの「100万円」を拒否したら「あなたに協力する」という一貫性に反することになってしまう

- 小さいお願いから始めるので断られにくく、一度承諾すると断りにくい

「段階的要請法」
「フット・イン・ザ・ドア」

ただ、この手法を活用するには、交渉のテーマの順番をどうするかなど、しっかりとした事前準備が不可欠です。

c．ラダーダウン

ラダーアップとは逆にまずは過大な要求をして、相手に断らせてから要求水準を徐々に下げていく手法です。

人は一般に、相手から「借り」があればそれを「返したい」と思います。例えば、友人にピンチを救われたら、「次は自分が助けてあげよう」と思うのではないでしょうか。これを心理学では「返報性の法則」と言いますが、それを応用した交渉術がラダーダウンです。

図表1-19の例は定期預金預け入れの

〈図表 1-19〉　**ラダーダウン**

500 万円定期預金を
お願いします
そんなにはできません
では、300 万円で
お願いします
それも無理です
では、100 万円で
いかがでしょうか?
それなら
何とかなります

□まずは過大な要求をし、断らせてから、要求水準を下げて成約させるクロージング手法

一般的に、「人は借りができると気持ちが悪いため、お返ししなければならないという傾向がある」（返報性の法則）

重要なのはこのとき「借り」は実際には発生していない。しかし要望を下げたことで、相手は「譲歩」してくれたと思う。この「譲歩」に対して返報性の法則が働く

「譲歩的要請法」
「ドア・イン・ザ・フェイス」

お願い額を５００万円から始め、徐々に引き下げていきます。このとき、お客さまに「借り」が発生していません。しかし、相手が要望額を引き下げていくため、相手が「譲歩」してくれたと受け止めます。その「譲歩」に対して返報性の法則が働くということです。

d.「頼まない」

「頼まない」とは、「今回はうちで３０００万円融資させていただきたいのですが、どうでしょうか」などと頼まないということです。頼めば、相手は考え、断られる可能性が高まります。そこで、相手の意向はあえて確認せず、「今週金曜日には３０００万円のご融資をしますので、でき

たら木曜日までに印鑑証明書と登記簿謄本などの書類を準備しておいてください」と、すでにクロージングしたものとして話を進めていく手法です。普通に考えると、お客さまから「まだ借りるとは言っていない。勘違いしているのではないか」と言われそうなものですが、案外、言われないものです。私の場合、不思議とそう言われることはありませんでした。他のどの金融機関よりも早く融資の可否を回答し、実行していたのと同じく、相手に考える時間を与えない作戦です。

e. 奇襲型

相手が思ってもいないときに、思ってもいない場所で、思ってもいないことを言うことで、一気に成約に結び付ける手法です。例えば、工場を見せていただいている最中に、「社長、決算書を拝見しましたが、運転資金が2000万円ほど必要になると思うのですが、この場で決めていただければ、私どもで、無担保ですぐにご融資させてもらいますよ」と工場の設備や生産工程とは全く関係のない話を持ち出すようなパターンです。この手法はまともに戦ったら、ライバルの金融機関に到底勝てないという不利な局面で使うと有効です。ただし、この手法を活用するには、「奇襲」をしたときに相手がどう出てくるかを想定し、問答も含めて事前に入念な準備をすることが必要です。

f．弱点容認

こちらの弱点、不利なことを指摘されたら、「そうなんです」「おっしゃるとおりです」とあっさり認めて沈黙する手法です。「おたくはいくらなんでも金利が高いよ」と言われたら、「そうなんです。私どもの金利は、他に比べると高いんですよ」と認めてしまうことがこの手法になります。

COLUMN

赤字先に無担保で3000万円融資

お客さまの悩みを聞き、いろいろ相談しながら案件を組み立てていった例として、私の支店長時代にこんなことがありました。

ある建築会社が、社員の使い込みで資金繰りに窮しているようだとの情報を営業担当者が聞きこんできました。そこで社長にお会いしてみたところ、「来期は大口の公共事業の案件が取れているが、この年度末を乗り越えるにはどうしても運転資金が足りない。3000万ほど貸してほしい」との相談を受けました。ただ、その会社は赤字で、しかも私の金庫はメインでもサブでもなく3番目の取引順位で担保ももうありません。「大口の案件を受注しているから来年度はそれなりの売上が確保できるだろうが、赤字だし、さすがに今、メインでもないうちが無担保で3000万円の資金繰り融資は無理だな」と思いながら、「申し上げにくいのですが、担保なしで3000万円お貸しするのはちょっと難しいと思います。担保がこれ以上ないということは、私どもも把握しているのですが、社長さん個人のご預金はどのくらいありますか」と聞いてみました。

すると、社長は「うーん、よくわからないなあ」とおっしゃいましたが、経理をされている奥さまが「仕方ないですね。わかりました」と言って、どこの金融機関にいくらあるのか社長の個人預金の一覧を見せてくれたのです。奥さまは「社長は預金があるとわかるとみんな使ってしまうので、預金の残高はありませんと言ってあるのです」と教えてくれました。その残高は3億円近くありました。

もちろん、本当にそれだけの預金があるのかは改めて確認をしました。そのうえで、「この社長はこうやってこつこつ貯めて預金が3億円もある。ならば会社は赤字かもしれないが、3000万円程度ならお貸ししても大丈夫」と判断して、無担保で融資を実行しました。社長には大変、感謝していただき、その後、メインと同じぐらいの取引ができるようになりました。

余談になりますが、この案件のときは金庫の審査部を説得するのもなかなか大変でした。メイン取引をしているわけでもない赤字先に無担保で3000万も融資するのですから審査部が渋るのも当然です。そこを交渉するのが支店長の役割です。それは部下もよく見ています。

（5）モニタリング（アフターフォロー）

モニタリングとは、アフターフォローと言い換えることもできますが、意外と実践できていないのではないでしょうか。

「金融機関の営業の人は、融資をするまでは日参して来るけど、いざ、借入をしたら、途端に来なくなる」といった話をしばしば耳にします。私はかつて部下に、融資をした直後にお客さまを訪問しているかどうかを必ず聞いていましたが、訪問している部下は数えるほどしかいませんでした。

〈図表 1-20〉 **モニタリング**

1	**現況を現地現物で確認する**
	①定性面 ―― 経営者、社内の雰囲気を把握する ②定量面 ――「資金繰り表」で現況をつかむ ③設備や在庫を確認する ―― 月に1回実施する
2	**経営計画の進捗を確認する**
	①進捗度合い ②未達成の場合はその原因を特定する ―― 対応策を共に協議する ③コンサルティング機能を発揮する
3	**与信判断が適切であったかどうかを確認する**
	①金額・資金使途・返済条件、方法・金利 ②信用補完（担保・保証協会） ③信用リスク

確かに融資をすれば、それが自分の実績としてカウントされるので、それでおしまいなのかもしれません。しかし、借り手であるお客さまにしてみればこれから返済をしていくわけですから、そこが始まりです。そもそも、融資をするまでは10回も15回も訪問して「社長、お願いします」などと平身低頭お願いしていたのに、融資をしたら後は知らんふりというのはお客さまに対する礼儀としてどうなのでしょうか。ですから私は部下に「融資をすることで終わりではない。そこが始まりだ」といつも説いていました。

まず、融資を実行して、できれば3日以内、遅くとも1週間以内にはお客さまを訪問すべきです。お客さまは当然、納得してあなたの支店からお金を借りたわけですが、心のどこかで「ひょっとしたら別の銀行で借りた方がよかったかもしれない」と思っているものです。こうした心の揺れを心理学では認知的不協和と言います。そんなときに「社長、今回はいい借入をされましたね」と言ってあげると、「やっぱりお宅から借りてよかった」とお客さまの気持ちが落ち着きます。

さらに、その後も3カ月ごと、あるいは6カ月ごとに定期訪問することが重要です。モニタリングの目的、狙いは大きく分けて経営内容や業績の継続的なチェックと取引の深耕・拡大の2つがあります。

前者は、業績も含め、計画どおりに事業が進んでいるかを確認することで、事業性評価と信用リスク管理の実践といえます。具体的には、設備投資資金を融資した場合、本当に新しい機械が導入されたのか、それによってどの程度、生産効率が上がったのかを「現地現物」でチェックする、あるいは「社長、今期は売上が5億円で2000万円ぐらいの利益を計上できそうだと言っていましたが、どうですか」とヒアリングする、といったことを行います。その際には社長の顔色はどうか、従業員に活気はあるか、倉庫の隅にホコリをかぶったような在庫はないかなど、アンテナを高くしてウォッチするようにしましょう。

また、資金繰り表をチェックすることも大事です。資金繰り表はこちらで用意したフォーマットに書き込んでもらうようにします。そうすることで、先方の社長も、1カ月の売上や売掛金の回収額、借入金の返済額、従業員の給与支払額、社会保険料…などを一目で把握できるようになり、「資金繰り感覚」が身に付きます。

後者の取引の深耕・拡大ですが、モニタリングをしなくても取引が解消してしまうようなことはまずありません。しかし、定期的に訪問していれば、お客さまは「いつも気にかけてくれているな」「多少金利は高いけれども頻繁に顔を出してくれて話を聞いてくれる方がいいな」と思ってくれるはずです。それが次の取引につながっていきます。

また、場合によっては他のお客さまを紹介してくれることもあります。「お客さま紹介運動」のようなキャンペーンを行うことがあると思いますが、紹介というのはこちらから「どこかの会社を紹介してください」とお願いするものではなく、先方から「××信金さんはいろいろ相談に乗ってくれるから、知り合いの△工業を紹介するよ」と言ってもらえて初めて実のある取引に結び付きます。お客さまとそうした関係を構築できるかどうかは、モニタリング、アフターフォローの積み重ね次第です。

4節　チームワークの実践方法

（1）なぜチームワークなのか

チームワークの最大のメリットは、支店内に「助け合い」の風土が育まれることです。チームはそれぞれ目標の数字を持っています。しかし、いつもすべてのチームが目標を達成できるわけではありません。例えばAチームは「10」の目標を達成できたけれど、Bチームは「8」しか達成できそうにないとします。このような場合、Bチームの進捗状況を見て、Aチームは足りない「2」をカバーしようとします。そうした「助け合い」の関係が自然と生まれるのです。

チーム制にすると、チーム間での競争が激しくなり、Aチームはむしろ Bチームが目標を達成できないことを望むのではないかと思われますが、そうではありません。なぜなら、職員にとってもっともイヤなことは、支店長や課長からチクチク個人的に責められることだからです。1年間を通して、毎月、目標を達成し続けることができる渉外マンなどめったにいません。チーム制なら、少なくても支店長や課長は個人の責任を問われないため、職員はチーム制を維持しようと努力するようになります。

チーム制が維持される前提には、支店全体での目標達成があります。このため、職員同士は自然に助け合うようになるのです。現に、私は一度も「目標に届かない他のチームをサポートしてくれ」と言ったことがありませんでした。言わなくても自然に助け合います。私はそれをニコニコ見ていればいいだけでした。職員にしてみれば、自分たちにすべて任せてもらえて、やりたいことができるのですから、「未達では申し訳ない」という意識が働くようです。

このような助け合いの風土があるからこそ、ラグビーでいう「One for all, All for one」（一人はみんなのために、みんなは一つの目的（勝利）のために）の精神でがんばることができるのです。異次元のモチベーションや潜在能力は、こうした風土によって引き出されます。

（2）チームワークが機能する条件

①ゴール（目標）の共有

ラグビーワールドカップ2019では、ジェイミー・ジョセフ率いる日本代表チームが次々に強豪国を撃破しました。サポートスタッフも含めて、チーム全員で「悲願のベスト8入りを果たす」という目標を共有できたからこそ成し遂げられたのだと思います。これはラグビーに限ったことではなく、スポーツの世界では常識です。

一方、金融機関の支店を見回してみると、一見、全体で目標が共有されているように見えますが、各自の頭のなかにあるものは「自分の目標をいかに達成するか」だけで、全体の目標は思いのほか共有できていません。なぜこういうことになるのでしょうか。それは金融機関が個人競争による実績評価に偏ってきたからです。

私は、支店運営にあたり、個人の目標は設定せず、チームの目標だけを定めました。なぜなら「支店の目標はすべてチームワークで達成する」という方針があったからです。

具体的に説明しましょう。例えば支店の目標数値が120で、それを3チームで達成するとしたら、35、40、45という具合にチームごとに目標を立てます。

ただし、ここで大事なことは、目標の数字は支店長が一方的に割り振るのではなく、みんなに自主的に決めてもらうということです。全体目標を達成するためにどうしたらいいのかをみんなで話し合って、チームごとの特性や得手不得手などを勘案し、各チームで目標を決めてもらいました。ですから、各チームの目標は一律40とはならないのです。

こうすることで、支店全体の目標を全員が共有することができました。もっとも、実際には、チームの目標を達成するために、チーム内で各自の目標も定めていたようですが、私はまったく関与しませんでした。すべて職員の自主性に任せていました。

②情報の共有

ズバリ、進捗管理を「見える化」することに尽きます。野球ならスコアボードです。なぜ大事かといいますと、進捗状況について情報が共有されていないと、がんばりようがないからです。例えばチームで１００という目標を達成しようとしているのに、いま達成できているのが10なのか50なのかがわからないと、一生懸命にやりようがありません。スコアボードなしに野球の試合が成り立たないのと同じです。

いま、金融機関はパソコンで業績達成の進捗状況を管理しています。しかし、パソコンの進捗管理は、管理者が見るためのもので、全職員のためのものではありません。その点、私の支店では、前著「残業ゼロで目標２００％達成」でご紹介したように、競馬ゲームにして「見える化」し、みんなが楽しみながら進捗状況をチェックできるようにしていました。

〈図表 1-21〉 **プロセスの見える化**

1	ゴールに至る標準プロセスを示すことで 誰でも成果を出せるようになる
2	獲得できない課題が発見でき、 つまづいているところがわかり次の一手が見える
3	上司の管理ツールではなく、 情報共有によりチーム全員で自主的にプロセスを管理するツールである
4	成功・失敗事例をチーム全員で共有でき、 「勝ちパターン」をブラッシュアップできる
5	部下に権限を委譲することができ、 部下を育成することができる

なんでもかんでも IT 化は NO
——見てくれるという前提：見ようという意思がないと見ない

〈図表 1-22〉 **春のスイーツ杯**

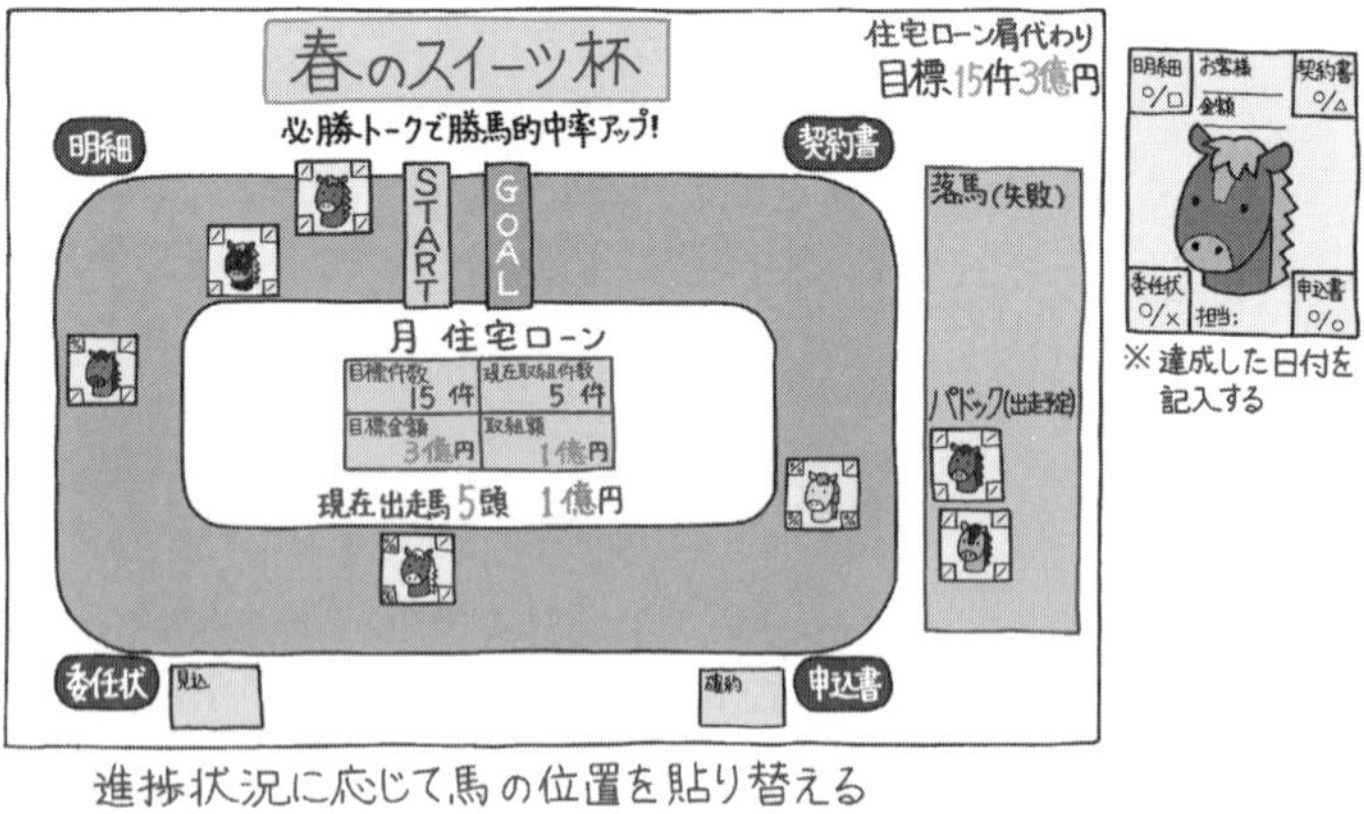

競馬のボードを見れば全体でこうなっていて、個々のチームはどこまでいっているのかが一目瞭然ですから、「今月は残り1週間しかないけど大丈夫か」という意識がチーム内で共有できます。情報の共有ができていないと、貢献意欲もわきませんし、目標達成意識も希薄になります。

しかも、競馬ゲームによる情報共有は、馬を動かすのも各チームが行いますから、全員参加のゲームになります。こうすることで自然と進捗や結果について情報を共有し、各自が責任を持つようになります。

③貢献意欲

チームに貢献したいという意欲を育てる仕掛けも重要です。チームという器だけつくっても、チームワークは機能しません。各自がチームのために貢献したいという意欲を持って初めてチームになり、チームの目標ひいては支店全体の目標が達成できるのです。

貢献意欲を高めるためには、コミュニケーションがポイントになります。具体的に私がしてきたことは「ワークアウト」です。ワークアウトとは、アメリカのゼネラル・エレクトリック社（GE）で実施された業務改善プログラムです。

何かを決める際には、口頭で発言するのではなく、サイズの大きい付箋に発言したい内容を書いてもらいます。1つのテーマにつき、1人3つ程度アイデアを出してもらいます。1枚の付箋には1つのアイデアを書きます。それを会議の進行役がホワイトボードなどに貼っていきます。貼る際、同様の意見があればその下に縦に貼り、違う意見なら横に貼ります。こうすることで、全員、自分の意見が必ずどこかに反映されます。

発言する方式のディスカッションでは、声が大きい人の意見に気後れして、意見を出せない人がいがちですが、各自が付箋に書いて提出する方法なら、そうはなりません。必ず全員参加型の会議になります。これが貢献意欲の源泉になります。

例えば、Aチームでは融資を5000万円獲得するという目標を立てたとします。その目標を達成するためにはどのようにすればいいのかという方法が必要になります。それを、誰かがリーダーシップをとって決めるのではなく、ワークアウトという手法を使うことで、全員が決定に一定程度、関与せざるを得ない状況をつくり出します。

コミュニケーションは、「取れ」と言って取れるものではありません。取らざるを得ない状況にすることがポイントです。ワークアウトはコミュニケーションをとるための有効な手法だと思います。

〈図表 1-23〉 **デザイン・レシピ**

項目	内容
①プロジェクト	住宅ローンの肩代わり推進
②目標	償還明細表を 25 件預かる（20 件獲得 4 億円目標）
③対象	支店職員全員
④作戦名	真夏にレリー・トゥエンティ・ゴー！
⑤ねらい	自分の潜在能力を引き出す
⑥キャッチフレーズ	“ありのまま”のパワーを解き放て！
⑦キーワード	元気に明るく
⑧リーダー・ サブリーダー	○○アナ ○○雪
⑨具体策	❶チーム対抗で達成する 6 人 4 チームを組成 ・盆踊りチーム（メンバー〜） ・いちごのかき氷チーム（メンバー〜） ・カブト虫チーム（メンバー〜） ・日焼けチーム（メンバー〜） ❷ローラー対象エリア分け ・盆踊りチーム…○○地区 50 戸 ・いちごのかき氷チーム…△△地区 47 戸 ・カブト虫チーム…□□地区 48 戸 ・日焼けチーム…◇◇地区 52 戸 ❸目標数字（金額と件数）はチームで決定する ❹セールストークをロールプレーイングで徹底習得する ※絶対お願いセールスはしない。お得な情報提供に徹する ❺訪問時間は 9 時から、12 時から 15 時からの 3 パターン ❻チラシを用意する ❼ 1 位のチームにはスイーツがご褒美として贈られる（支店長のポケットマネーの範囲）
⑩見える化	・償還明細表を獲得したら、そのチームの地域マップに家のイラストを1つ貼る ・肩代わりが成功したらその家のイラストに旗を立てる
⑪段取り	・チラシの作成…○日まで ・見える化…支店全体の見える化は○日まで、各チームのデザイン・レシピと見える化は□日までに作成 ・チームの目標数字提出期限は△日まで ・作戦スタートは◇日！
⑫期間	令和○年 8 月○日〜 8 月□日まで 5 日間

コミュニケーションは、みんなで1つの作業やイベントを行うことで培われます。前著『残業ゼロで目標200％達成』でご説明しました「デザイン・レシピ」（チームの方針や目標）やトヨタの「かんばん」方式などの「見える化」ツールは、有効だと思います。

（3）チームのつくり方

①自主的なチーム編成

1つのチームの人数は5、6名です。支店長が決めるのはここまでです。「後は、君たちで決めてくれ」と言って、すべて職員に任せます。

チームには支店長や次長といった管理職は入りません。管理職を除いた支店の職員数が18名だとすると、チームは3チームできます。どういったメンバー構成で3チームつくるのかは、職員に話し合って決めてもらいます。

「得意先係が3人いたら、その3人が1つのチームに偏ってしまうのではないか」と危惧する人もいるでしょうが、現実にはそうなりません。そんなことをしたら支店長の「みんなで目標を達成する」という方針に反してしまうことが常識的にわかるからです。実際、できあがった各チームのメンバーを見ますと、経験年数、役職、担当職務などバラバラになっています。もちろん、チームには窓口担当もいれば融資事務担当もいます。

②支店長は関与しない

もし、支店長が「3チームつくります。チームのメンバーはこうです」と発表したらどうなるでしょうか。まず、「やらされ感」が生じ、職員の自主性は損なわれます。そうなるとモチベーションも上がりません。やる気にならなければ目標は達成できるはずもありません。

それだけではありません。「逃げ場」ができてしまいます。たとえ、支店目標が達成できなかったとしても、「チーム編成は支店長が勝手に決めたことだから…」などと言い訳ができてしまいます。

一方、チーム編成からすべてを自分たちで決めた場合、自主性が発揮されますから、モチベーションは高まり、誰かのせいにすることもできなくなります。何よりも自分たちで決めた以上、逃げ場がなくなります。

しかし、職員の自主性に任せた方がいいということがわかっていながら、実際にはなかなか踏み切れない支店長が少なくありません。それは指示したり管理したりすることが支店長の仕事だと勘違いしているからです。支店長の仕事は、指示したり管理したりすることではなく、結果に責任を持つことです。

③メンバーのチーム分け

各チームのメンバーは、原則、立候補で決めます。メンバーが決まったら、リーダーやサブリーダーをメンバーで話し合って決めます。話し合いの結果、リーダーやサブリーダーを設けないこともあります。それも自由です。どうするかはすべてチームの自主性に委ねます。

当初、チームを編成する話し合いの場に私も交じっていたのですが、そうすると、みんな、やりにくそうな顔をするので席を外すようにしました。しかし、本当に自分たちに任せてもらえることがわかると、その場に私がいても存在を気にしなくなります。金融機関らしいというか、支店長がいると、職員は支店長の顔色をうかがい、怒られないように無難な道を選ぼうとしてしまうようです。

④並行して複数はしらせる

チームは、プロジェクトごとに編成します。同時に複数立ち上がることもあります。職員は複数のチームのメンバーになります。例えば、鈴木さんは「新規先獲得プロジェクト」ではBチームに、「事務ミス撲滅プロジェクト」ではCチームに属するといった感じです。

チームを掛け持ちすることで、お互いに助け合うようになります。リーダーは互選ですが、自然と輪番制になります。「新規先獲得プロジェクトでは、リーダーを他のメンバーに引き受けてもらったから、事務ミス撲滅プロジェクトでは自分がリーダーになろう」という意識が働くからです。

私の経験では、入社1年目の女性がリーダーになったこともありました。これもありだと思います。「彼女はリーダーになってくれたけど、さすがに困っているみたいだから助けてあげよう」とメンバーが一致団結するからです。自分もいつかはリーダーにならなければならないので、そのとき、みんなに協力してもらうために真剣になるのです。人ごととしてほうっておくことはできないのです。

⑤チームの活動期間

チームの活動期間は、プロジェクトによって異なります。例えば「年金口座獲得」

なら1カ月、「新規先獲得」ならば半年といった具合です。チームの目標および支店の目標が達成できた時点でチームは解散します。まさにプロジェクトチームです。

⑥新たなチーム組成

目標を達成するまでの過程においては、トラブルも含めさまざまな出来事が起こります。そうした場面では金融機関の管理職は、職員に指示・命令し、行動を管理しようとします。そうしないと、事態がさらに悪くなってしまうと思っているからです。しかし、私はそうは考えていません。人はもともと一生懸命に働きたいと思っているはずです。ですから、そうした場面に遭遇しても職員の自主性を大切にしました。そこで、「こういう問題が発生したけど、どうする？」と問いかけるようにしました。すると、私の思いに応えるように、「プロジェクトチームで取り組みます」と言ってくれることが多くありました。

職員がプロジェクト制に慣れてくると、私が問いかけをしなくても、「こういう問題があるので新しいプロジェクトチームを組んでやりたいと思います」と自主的に言ってきてくれるようになりました。こうなるまでに半年はかかったでしょうか。まさに風土が変わったのです。

「自分たちで仕事のやり方を変えてもいいんですね。初めて知りました」と話してくれた職員の笑顔は、いまでも鮮明に覚えています

⑦会議は15分間

チームの会議時間は15分間にしました。時間をたくさんかけたからといって、いい案が出るわけではありません。日々の実務のことがテーマなので、15分もあれば議論はまとまります。それに、確実に成功する方法、結論を出す必要はないからです。物事はいくら万全を期しても、やってみなければわかりません。決めたやり方でうまくいかなかったら、またディスカッションして、やり方を変えればいいだけのことです。最初から完璧を求めるから、ああでもない、こうでもないとなって、議論の収拾がつかなくなります。大事なのはまずやってみることです。

会議は、3時半から4時までのどこかで行っていました。会議の開催予定だけは私が朝礼で「今日は3時半から○○プロジェクトの会議を15分間開きます」と呼びかけました。後は、職員に任せていました。

しかし、窓口が閉まっているとはいえ、支店には電話がかかってきます。その都度、会議を中断していたら、会議になりません。そこで、会議中にかかってきた電話は、

私と次長で対応するようにしました。

⑧人事評価

個人の目標を設けない場合、人事評価はどうするのかという疑問を持たれるかもしれません。支店の目標を達成した場合、全員に高い評価を付けていました。当時、私がいた金融機関の人事考課は「A」、「B」、「C」、「D」、「E」の5段階評価でしたが、私は全員に「A」か「B」を付けていたということです。実際、時間内に仕事を終わらせて、目標200%達成していたのですから、それだけの価値があると思っていました。

具体的に言いますと、さすがに全員「A」というわけにはいきませんので、職員が20名いたとすると「A」は1、2名、残りは「B」にしていました。「A」は、誰から見ても「そうだよね」と納得できる人に付けていました。

一方、人事考課をするにあたってはルールがあります。A評価は○%、B評価は○%と決められています。A評価とB評価の枠は合わせても3割もありません。当然、人事部長から電話がかかってきます。

「鈴木さん、ちょっと勘弁してくださいよ。人事の決まりもあるのだから、全員をA

かBにするなんて、おかしいじゃないですか」

「ちょっと待ってくれ。そういう規則があることは僕も承知している。だけど部長、うちの店の職員は1年間、1円の残業手当ももらっていない。それなのに目標は200%やっている。それにA評価が付いた職員がいる支店が、必ずしも支店目標を達成できているわけじゃない。しかも残業をダラダラやって残業代を稼いでいる人もいる。それってどう思う」

「どう思うと言われても」

「おかしいじゃないか。うちは残業手当を1円ももらわずに支店目標を200%やっているんだから、評価が違って当然じゃないのか」

こんな話をしますと、人事部長は渋々納得してくれました。しかし、面白くないので必ず仕返しされます。実際、私がいた○○ブロックからどんどん人を抜かれた時期がありました。頭にきて人事部長に電話したら、「鈴木さんのところは残業なしでも仕事が終わりますが、残業をしても終わらない店があるので、そちらに人を回したんですよ」と言うのです。そんな理屈があるのかと憤慨しましたが、仕方ありません。がんばってくれた職員たちに報いるために、そのぐらいの覚悟を持って人事評価を付けていたということです。

⑨ご褒美

私は、チームで目標を達成するたびごとに必ず「ご褒美」を出していました。これはトヨタで教えてもらった知恵です。トヨタでは、例えば、創意工夫の提案をすると、内容のいかんに関係なく、1提案につき必ず500円もらえるそうです。金融機関では職員に対してそうした労の報い方はしていません。それでは職員のモチベーションは上がりません。

チーム戦のご褒美は1万円程度で、地元や場合によってはネットで取り寄せたスイーツなどをメンバーの職員に配りました。費用は私のポケットマネーから出しました。

当初は、優勝チームにだけご褒美を出していましたが、職員から「自分たちだけでスイーツを食べるのはちょっと申し訳ないので、1万円を5000円、3000円、2000円と分けてどのチームにも配ってほしい」という申し出があり、そのようにしました。

ご褒美は、労に報いるとともに、ひと区切りつける意味合いがありました。ラグビーでいう「ノーサイド」です。リセットして新たなチーム戦に臨んでもらうためには必要なことだと思います。ノーサイドの笛がスイーツに代わったということです。

COLUMN

ご褒美は自腹で

ご褒美の1万円は会社の経費から支出することもできましたが、私はポケットマネーにこだわりました。職員から見て、私がポケットマネーから払っている方がやる気になるからです。

実際、こういうエピソードがありました。私が30代の頃、支店長が「みんな、たまにはすしでも食べてくれ」と言いました。何かを達成したご褒美だったと記憶しています。1000円ぐらいのランチでしたが、みんな喜んで、取引先のすし屋に行き、口々に「いい支店長だね」などと言って食べました。

ところが支店に戻り、1時間ぐらいたった頃でしょうか。すし屋の大将が「先ほどの請求書です」と支店宛ての請求書を持ってきたのです。支店長のポケットマネーではなく、支店の経費だったのです。これには、しらけました。もちろん、支店長がそういうことで経費を使ってもコンプライアンス的には何ら問題はないのですが、女性行員などは「そういうことだったのね。感謝して損した」とがっかりしていました。男性職員は、「支店長だから当たり前だよ」とあまり気にしませんが、女性はお金については正義感が強いところがありますので、しらけるのです。私は、そうした経験から、1万円程度で済むならば気持ちよくポケットマネーで支払おうと思い、実践し続けたのです。

(4) チームワークこそ魔法のつえ

「善く戦う者はこれを勢いに求めて人に責めず」(孫子の兵法)という言葉があります。これは、戦上手は、全体の勢いを重視し、個々の兵には期待しない、という意味です。組織は、さまざまな個人の集合体です。知識、スキル、モチベーションなど十人十色です。個人に頼ると、うまくいく人もいれば、そうでない人もいます。能力の高い一部の人に頼っていても成果は安定せず、しかもたかがしれています。だからこそ、職員の個人的な能力の優秀さに頼らず、一致団結し、チームワークで勢いをつくり目標を達成すべきなのです。

一致団結したときには、「上下欲を同じくする者は勝つ」という教えも忘れてはいけません。これは、上に立つ者と下の者が、同じ目的に向かえば勝てるという教えです。支店の全員が一丸となって同じ方向に進むから勢いが出ます。そのためには、支店長が支店の方針を示して、進むべき方向を明確にすることが重要です。

支店のなかには、「彼が目標をクリアしなかったから、店の目標が達成できなかった」とか「あの人は、いつも言い訳ばかりしている」など、他人の批判ばかりしている人もいます。しかし、支店の皆さんの気持ちがバラバラで雰囲気も悪いようでは成果が上がるはずはありません。全員の気持ちが1つにまとまるようなわかりやすいメッセージを打ち出すことは、支店長にしかできない仕事です。

さらに、絶体絶命の窮地に追い込まれるほど、戦う以外に道はないため兵の団結力は高まるとする「死地に追い込む」という考え方もときとして重要です。「呉越同舟」「背水の陣」も同様の意味です。

例えば「残業ゼロで融資200％達成」という目標を掲げたときは、チームを編成して、チームごとにどうしたら達成できるのかを考えてもらい、そのとおりにやってもらいます。自分たちが方針を決めて、自分たちの思うとおりにやるわけですから、誰かのせいにすることはできません。任された以上、チームのメンバー全員が知恵を出し、工夫をしてやらざるを得なくなります。

それと「見える化」です。進捗状況や結果を「見える化」すれば、自分の成績をいやが応でもメンバー全員の目にさらすことになり、さらにやらざるを得なくなります。
これが死地に追い込む戦略です。

第二章
わかっていても融資は伸ばせない

1節　ゆでガエルの誘惑

（1）「知っている」と「できる」は違う

私が研修などで前述の「5つのプロセス」をお話しすると、皆さん「それはそうだね」と納得してくださいます。しかし、なかなかうまく実践できないようです。なぜでしょうか。その原因は、インプットとアウトプットの間にある壁です。ここでは、その壁について少しご説明しましょう。

「知る」とは、知らなかった知識を新たに得ることをいいます。

「わかる」とは、得た知識が経験などに裏打ちされて、腹に落ちた状態をいいます。5つのプロセスでいいますと、例えばプロセス2の「信頼関係をつくる」ことが大切だと知っても、実際どう大切なのかが漠然として腹落ちしません。それが例えば「社長さんと信頼関係ができたら本音で話をしてもらえた」という経験と結び付くと、「知る」は「わかる」に深化します。この「知る」から「わかる」までがインプットです。

行動心理学では、「わかる」と「できる・行動する」は、使われる神経回路が異なると考えられています。頭でわかっていても、行動が伴わない理由がこれです。ここに大きな壁があることを覚えておいてください。

さて、「できる・行動する」の次の段階は「教える・目標達成」です。行動できるようになった結果、部下などに教えることができ、目標も達成できます。この段階がアウトプットです（図表2-1参照）。

金融機関の皆さんは、「知る」ことができれば、「できる・行動する」「教える・目標達成」も可能と考えてしまう傾向があります。金融機関がロールプレーイングなどのOJTより、知識教育に偏重しているのはそのためです。しかし、知識をいくら詰め込んでも、行動にはつながりません。

先ほどの話を、融資に置き換えてみましょう。融資獲得・新規開拓方針をインプットするのは容易です。説明すれば「知る」ことができ、その重要性は現場にいれば十分に「わかる」からです。しかし、だからといってアウトプット、つまり「訪問」できたり「獲得」できたりするわけではありません。その結果、方針も「達成」できません。

その理由は、前述のようにインプットとアウトプット、言い換えれば認知と行動の

〈図表 2-1〉「知っている」と「できる」の違い

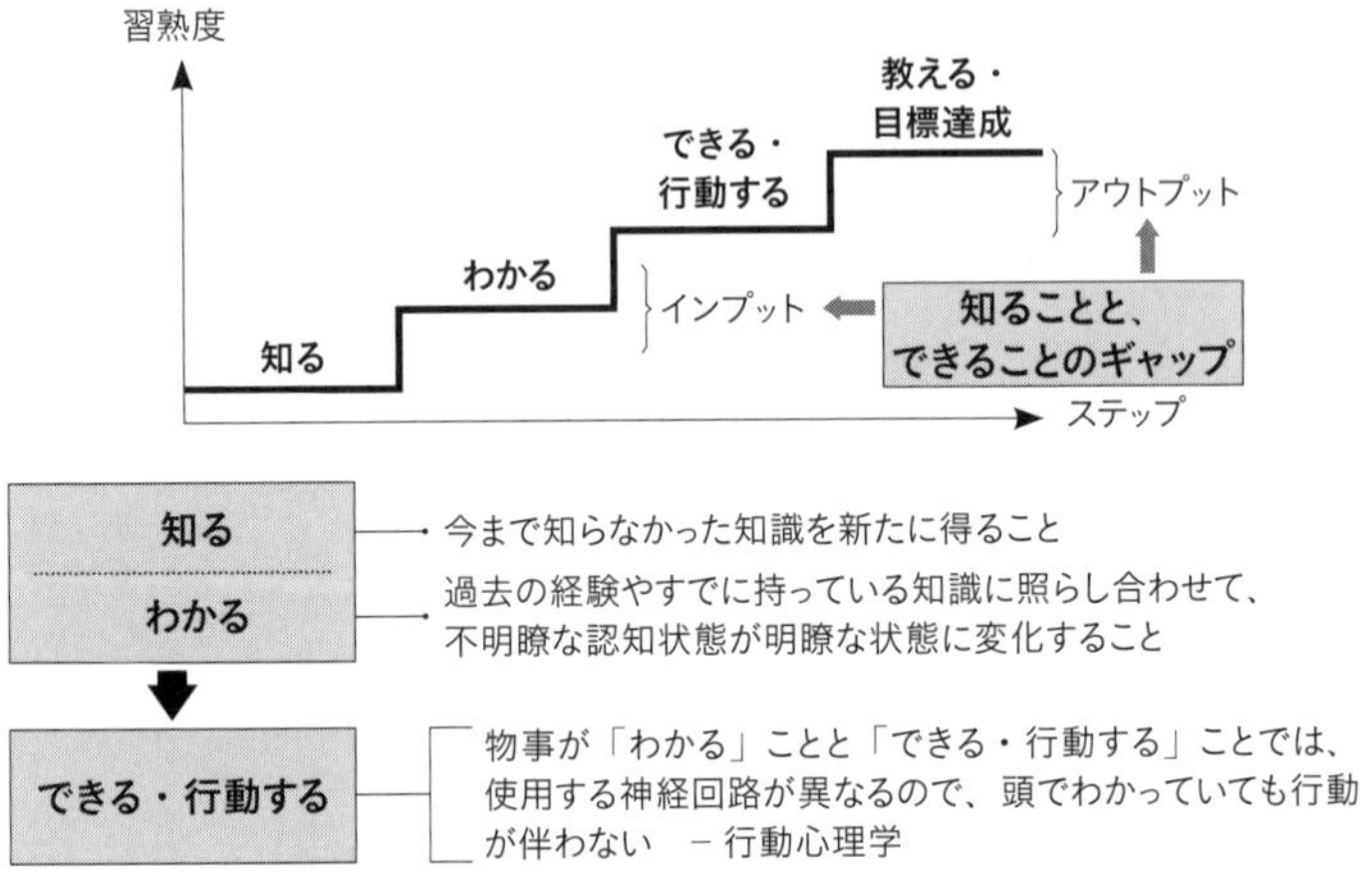
習熟度
教える・
目標達成
できる・
行動する
わかる
知る
アウトプット
インプット
知ることと、
できることのギャップ
ステップ
知る
わかる
今まで知らなかった知識を新たに得ること
過去の経験やすでに持っている知識に照らし合わせて、
不明瞭な認知状態が明瞭な状態に変化すること
できる・行動する
物事が「わかる」ことと「できる・行動する」ことでは、
使用する神経回路が異なるので、頭でわかっていても行動
が伴わない　－行動心理学

「間」に、大きな壁が立ちはだかっているからです。

(2) 壁を構成しているものは何か

それでは、なぜ壁ができるのでしょうか。それは、①人の脳は変化を嫌うから、②感情として受け入れられないから、③やっても、やらなくても同じだから、です。

人の脳は、ネガティブに考えるクセがあります。警戒心や猜疑心が強いから、人類は生き残ってこられたといえます。言い換えると「人の脳は変化を嫌う」のです。

②は、「頭ではわかるけれど、今まで自信を持ってやってきたことを変えなさ

いと言われると、今までの自分を否定されたように感じてしまい、感情的に受け入れられない」という意味です。

③は、例えば第1章「新規先獲得の重要性」で述べたように「どうせ新規を回っても断られるだけだ。やってもやらなくても結果が同じなら、今のお客さまを大切にした方がいい」と考えてしまうパターンです。

やらなければいけない方針は「わかった」とします。これは氷山にたとえると海面に現れている氷山の部分です。しかし、海面下には「そうは言っても」という①②③の思考が働いています。当然、2つの意識は不一致になります。この不一致こそが、壁の正体なのです。

このようにしてできた大きな壁は、自助努力ではなかなか越えられません。壁を越えるためには、ハシゴをかけて引き上げてあげる必要があります。

(3)「ぬるま湯」好きは人の本能

それでは、変化を嫌い、壁の前にとどまっているとどうなるのでしょうか。ズバリ「ゆでガエル」になります。「ゆでガエル」とは、ゆっくりとした変化に気づかずにいると、いつか手遅れになってしまうことをカエルの物語にして教えているものです。

営業の仕事は、大きく分けると、既存先の深耕と新規先獲得になります。新しいお客さまを増やさないと、いずれ立ちゆかなくなることは誰もがわかっています。しかし、既存先の深耕・管理にとどまり「ゆでガエル」になりがちです。

「ゆでガエル」の物語とは、カエルを熱湯に入れると飛び出しますが、水に入れてゆっくり温めていくと、温度変化に気づかず、やがてゆであがって死んでしまう、というストーリーです。新規先を回らなくても既存先がありますから、融資残高が突如落ち込むことはありません。しかし、残高はじわじわと減っていきます。そして、気がついた頃には取り返しのつかない事態になります。まさに「ゆでガエル」状態です。

先ほど、人の脳は生き残るために本能的に変化を嫌うクセがあると言いましたが、これを言い換えると、人の脳は変化のない「ぬるま湯」が好きといえます。

ここで「コンフォート・ゾーン」についてお話しします。コンフォート・ゾーンとは、日本語に訳すと「心地いい領域」です。プレッシャー（ストレス）や不安がない、居心地のよい領域です。「ぬるま湯」です。アメリカの心理学者が提唱した「ヤーキーズ・ドットソンの法則」が元になっている考えで、プレッシャーがまったくないより、ある程度ある方がパフォーマンスは上がるといいます。

図表2-2をご覧ください。縦軸はパフォーマンス（成果）、横軸はプレッシャー（ス

〈図表 2-2〉 **コンフォート・ゾーン**

1. コンフォート・ゾーン

◎不安やストレスがない居心地がよい空間「ぬるま湯」の状態で人が持っている本能

・コンフォート・ゾーンから抜け出せないと成長できない

・安全な場所に戻りたいという脳の癖が存在する

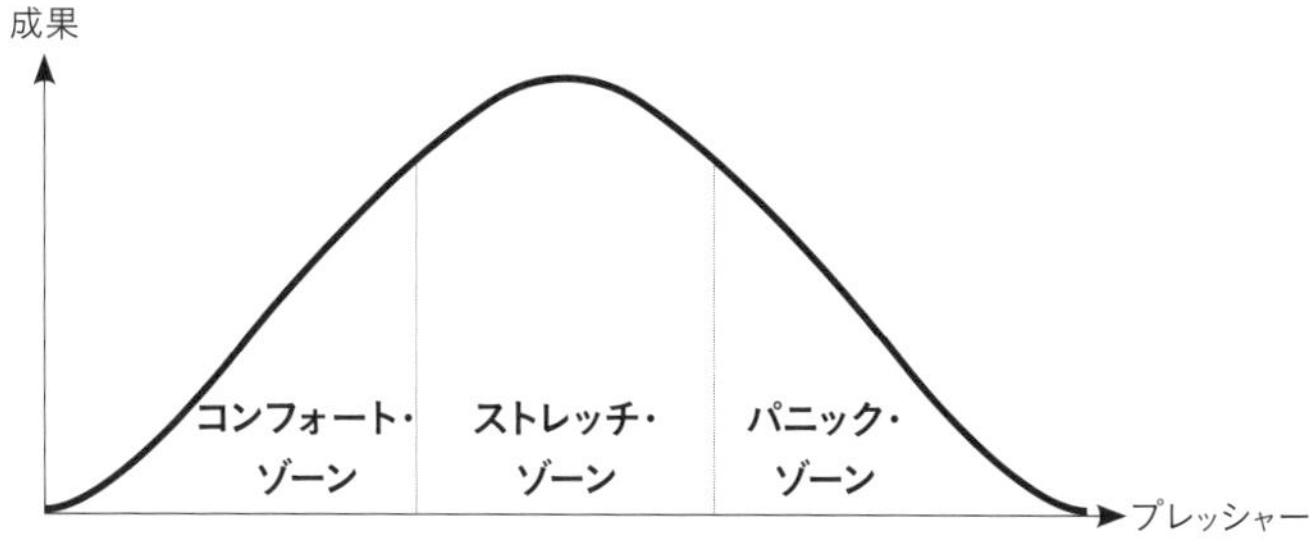

2. コンフォート・ゾーンから抜け出せない 3 つの原因

①本能的にコンフォート・ゾーンが最適な場所だから……安全地帯

②コンフォート・ゾーンを抜け出したその先が明確でないから……嫌な現実がある

③自分の周りもコンフォート・ゾーンに居続けているから……自分一人だけは嫌

◎**成果は身を置く場所で決まり、**
コンフォート・ゾーンに居続ける人は成長できず、成果が出ない

トレス）です。当初はプレッシャーが上がっていくと、成果も上がっていきます。しかし、プレッシャーに耐えられる限界を超えると、パニックに陥って成果は下がっていきます。

「コンフォート・ゾーン」は「心地いい領域」ですが、ここにとどまっていると、ある程度まででしか成果を出せません。がんばらなくてもやっていけるため、人も成長しません。

適度なプレッシャー（ストレス）があった方が、成果は上がり、人も成長します。この空間を「ストレッチ・ゾーン（ラーニング・ゾーン）」といいます。

インプットとアウトプットの間に立ちはだかる壁を越えるためには、コンフォート・ゾーンから脱却し、ストレッチ・ゾーンに引き上げる方策が必要なのです。

2節　ストレッチ・ゾーンへの引き上げ方

（1）外発的に引き上げる（外発的動機付け）

ひと言でいいますと、「やらざるを得ない状況をつくる」ということです。

第一に、人事評価の基準を明確にします。例えば、「新規先を訪問しないと昇進・昇格・昇級させない」と伝えるのです。問題なのは、どう伝えるかです。①はっきりと本人に「評価しません」と言うのか、②改まっては言わずにそんな雰囲気にするのか、③間接的に伝えるのか、といった方法がありますが、相手の性格やモチベーションを十分に考えて、効果のある伝え方をしなければなりません。私の場合は、①は使わず、②を7割、③を3割くらいの割合で使っていました。

また、なぜ新規先訪問の件数で人事評価をするのか、その理由も明確に示すべきです。つまり、新規先訪問のメリットを理解させることが重要です。それをしないと、「無理に新規先訪問をするぐらいなら昇格しなくても構わない」となってしまいかねません。

営業のスタイルは担当者それぞれが「我流」で千差万別です。そして「我流」を続けていれば大きな失敗はしませんし、人から嫌われることもありません。「我流」の殻を破るには、「なるほど」と腹落ちするようなメリットを説明してあげる必要があります。

第二に、個人ではなくチーム全体で目標を達成する形に営業推進体制を一新することです。チームで戦う以上、誰か1人だけが手を抜くようなことは許されません。ラグビーの「One for all, All for one（一人はみんなのために、みんなは一つの目的のために）」という言葉を実践するということです。

第三に、繰り返し実行する態勢をつくることです。量をこなさないと質は上げられないという「量質転化の法則」については前述しましたが、それを組織的に実行する態勢をつくるということです。

（2）自発的に引き上げる（内発的動機付け）

「やらざるを得ない状況をつくる」という外発的動機付けに対して、ストレッチ・ゾーンに上がるきっかけとなるような担当者自身の「気づき」のことを内発的動機づけと言います。

営業担当者に「新規先は何のために獲得するのか」と聞くと、「それは目標があるからです」といった答えが返ってくることが少なからずあります。しかし、それは違います。

地域金融機関は、お客さまのため、そして地域のためにお金を融資し、使ってもらっています。その際、「何のために」という思いをしっかり持っていないと、自分を律することができなくなり、コンフォート・ゾーンに戻ってしまいます。

私にはこんな経験があります。

30歳くらいの女性看護師さんのところに、1万円の積立の集金に行った時のことです。いつも元気なのに、その日は疲れた顔をしていましたので、「どうかされましたか?」と聞いてみました。すると、「朝の4時まで勉強していたので」と言うので、「大変ですね。何か試験でも受けるんですか?」と聞くと、「違います。私は看護師なので、患者さんの命を預かっていますから、患者さんのために勉強しているんです」と教えてくれました。

私は、「ハッ」としました。この看護師さんは、「何のために」働いているのか、ハッキリ自覚していたのです。この「何のために」が明確になっていないとストレッチ・ゾーンで踏ん張ることができません。

この看護師さんの目的は、「患者さんに早くよくなってもらいたい」という、「他者のため」の「目に見えない」目的です。自分の給料を上げたいという、「自分のため」の「目に見える」目的ではありません。だからこそ、がんばり続けることができるのだと思います。

看護師さんのように患者さんの命を預かったり、金融機関のようにお客さまの命から2番目に大事なお金を預かったりすることは、本来、大変やりがいがあることなのです。したがって、「なぜ」融資推進するのかを考えることは、とても大切なことです。そしてそれが、内発的動機付けにつながります。

第三章

融資目標200%達成のための戦術

1節　高い目標

日本ではもちろん、アメリカのメジャーリーグでも輝かしい成績を残した元プロ野球選手のイチローは、愛工大名電高校で野球部に入部した際、監督に、自分は甲子園ではなくプロを目指しているのでよろしくお願いします、とあいさつをしたそうです。イチローは高校3年の最後の夏に愛知県大会の準決勝で負けてしまったのですが、他のナインと一緒に泣くなどはしませんでした。なぜなら、彼の目標は甲子園出場ではなかったからです。そして、「甲子園に出ることを目標にしていたらそこで終わってしまい、プロにはなれなかっただろう」と振り返っています。このイチローの逸話は、常に高い目標を掲げ続けることの大事さを教えてくれています。

「高い目標」について、私の場合は、例えば、本部が「前期は新規貸出が10億円だったので今期は12億円」という目標を提示してきたら、「目標は20億円にしてください」と言っていました。2割とか3割程度の増加目標だと、どうしても今までのやり方の延長線上でやろうとしてしまいます。しかし実績の2倍近い目標だと、今までと同じやり方ではどうやっても達成は無理です。

訪問件数にしてみても、目標が倍になるのならば、単純に考えてこれまでの2倍、訪問しなければなりません。しかし、外訪できる時間は限られていますので、実際には無理です。部下からは十中八九、「支店長は何を言っているんだ。現場のこともわからないくせに」と文句が出ます。

そこで私は取りあえず訪問件数を3割ほど増やしてみることから始めてみました。それでも、いろいろネックがありました。よくあったのが、「A社の集金に手間がかかり、なかなか訪問先を増やせません」という声です。そのようなときは支店長の私も一緒にA社を訪問し、「社長、申し訳ないのですが、集金を今の週2回から1回にさせてもらえないでしょうか」と頭を下げました。

また、「税金の支払をお預かりしたら、その領収書を届けなければならないので、手間がかかる」といった声も挙がりました。そこで、「領収書は簡易書留で送らせていただいてもよろしいでしょうか」とお客さまに提案し、もし怒ってしまうお客さまがいたら、「支店長の方針です」と自分のせいにして構わないと宣言をしました。

高い目標の達成を目指すうえで大事なことは、成功体験も含めていままでのやり方を見直す勇気を持つことです。そして問題点を一つひとつ、つぶしていくことです。目標達成に向けてはその積み重ねが重要なのです。

もう1つ、それまでの2倍近い、とてつもない目標を掲げることは、職員のモチベーションを高め、その人の眠っていた潜在能力を引き出します。また、1人だけの力では達成が不可能な目標であるがゆえに、チームワークが強固になります。このあたりのことは前著『残業ゼロで目標200％達成』の中で詳しく触れていますが、「チームワークで高い目標にチャレンジし、全員一丸となって達成する」ことは融資推進のみならず、あらゆることで応用できます。

2節　融資案件会議

新規先獲得のために「種まきデー」を毎週、繰り返して行っていたことはすでに述べました。そうすると、玉石混交ですが、いろいろなネタが集まってきます。そして、3カ月も経つとその中から融資に結び付けられそうなネタも出てきます。ただ、財務内容が問題なく、担保・保証も十分にあるなどという優良案件は絶対にありません。そうしたおいしい案件は、とっくにメインなど他の金融機関が融資してしまっているはずです。

せっかく担当者が融資に結び付きそうなネタを取ってきても、財務内容が悪い、担保がないといった問題があると、案件という形になって上がってきません。そこで私は、毎日、融資案件会議を開いていました。

会議には、支店長、次長、融資係、案件担当者の他、案件に興味がある人は誰でも参加できます。会議ではまず担当者から、例えば「A社に運転資金を3000万円融資したい。ただし担保がないのでどうやって保全を図るかが問題です」などと案件の概要・問題点を簡潔に説明させます。それに対して、参加者には全員、反対であろうと、賛成であろうと、ペンディングであろうと、どんなことでも構わないから自分の意見をきちんと言うように求めました。

そうすると「社長の奥さんの実家は資産家だと聞いたことがある」「A社の社長は業界の集まりでも2次会にはほとんど行かないまじめなタイプらしい」「ひょっとしてメインバンクと、うちをてんびんにかけているのでは」「この大手メーカーからの受注が来月、本当にこんなに増えるのか」など、担当者や融資係が見落としていたり、知らなかったりしたさまざまな情報が上がってきます。

もちろん、なかにはネガティブな情報もあります。しかし、それらも含めて、いずれもスピーディーな与信判断を行ううえで欠かせない貴重な情報でした。ただ、せっかくの情報を生かすも殺すも、支店長の腕次第です。与信判断は支店長にしかできない仕事だからです。私は融資案件会議に上がった案件は、すべてその場で「イエス」か「ノー」、または「条件付きでイエス」の判断をするようにしていました。相当の覚悟がいりますが、そのために日ごろから時間があればお客さまのところにおじゃまして、語弊はありますが、どうでもいいような情報も入手するように心がけました。与信判断力は、間違いなく持っている情報量に比例すると思います。

お客さまへの「スピード回答」は非常に重要で、他の金融機関と差別化できる大きなファクターになります。私の支店では、融資のお申し込みを受けたら、必ず「翌日お返事を差し上げます」と言っていました。金利競争にあまり巻き込まれなかったのはこの「スピード回答」が奏功していた面があると思います。

融資案件会議では原則として新規案件のみを採り上げました。融資目標200%の達成は、どれだけ多くの新規案件を獲得できるかにかかっているからです。ところが融資係では毎月、継続案件を抱えていますので、それがネックになり新規案件の処理が滞りがちになります。そこで私は継続案件の扱いについてもルールをつくりました。

新規の案件はどうしても月末にかけて実行するケースが多く融資係も忙しいのですが、月初は余裕があります。そこで月初の3営業日までにその月の継続案件すべてについて、継続するかどうかの方針を決めてしまう打ち合わせを担当者も交えて行いました。そうすると、融資係も「継続案件があるので」という言い訳ができなくなり、新規案件に取り組まざるを得なくなります。また融資係は月初の3日間のなかで私に判断してもらうために、決算書を前倒しで入手するなど、自分たちでも工夫をするようになり、継続案件を月末まで抱え込むようなことはなくなりました。

営業や融資の担当者の情報収集能力やお客さまを見る目が着実にレベルアップしたことも融資案件会議の大きな成果でした。担当者も十人十色ですから、さまざまな意見がでますが、その一つひとつに「なるほど、そういう見方もあるのか」という発見があります。そうした自分とは別の見方、意見を全員で共有する場が融資案件会議であり、事業性評価のスキルアップのための道場だったと思います。

3節　ロールプレーイング

プロ野球でもサッカーでもゴルフでも、一流と言われる選手はみな、人知れずものすごい練習をしています。金融機関の営業も同じです。頭では理解していることをいかに現場で実践するか。それには練習しかありません。何の練習もせずにいきなり「こんにちは」と訪問しても信頼関係の構築もニーズの発掘もできません。その練習の場がロールプレーイングです。

私は支店長時代に週に1度、夕方、店内勉強会を開いていましたが、1時間のうち40～50分は担当者とお客さまの間のやり取りを再現するロールプレーイングに費やしていました。

ロープレの題材はさまざまでしたが、いちばん効果的だった題材は過去1週間の成功・失敗事例を担当者とお客さま役の職員とで再現してみることでした。実際にあったことですから、リアリティーがありますし、演じる方も見ている方も真剣になります。

失敗事例のロープレからは「いきなりそんな聞き方をしたらお客さまは怒るだろう」「その提案はお客さまのニーズに合っていないのでは」などの問題点が比較的わかりやすく、自分だったらこう提案するといったような意見がいろいろ出てきます。

例えば、お客さまとの間での次のようなやり取りを題材にしたとします。

お客さま役　「うちはこれ以上、金融機関との取引を増やすつもりはないから。おたくには興味もない」

渉外担当者　「そうですか。何度おじゃましてお願いしてもだめですか」

お客さま役「申し訳ないけど、時間のムダだよ」

このロープレを見た参加者からは「うちに興味がないのは、かつてトラブルがあったとか、他にも理由があるのではないか」「信金のフットワークのよさや足で稼いだ情報の量を理解いただけていないのではないか」などさまざまな意見が出ますので、それを取り入れて再度、ロープレをさせるわけです。

これに対して、成功事例のロープレは、意外と難しいものです。それは担当者も成功のきっかけは何だったのかを理解していないことが多いからです。そのようなときは、「お客さまとの会話の中でこんなやり取りがあったよね。私はそこがポイントだったと思うけど、どうだろうか」とこちらで問題を設定してあげるようにしました。すると、参加者からは「自分もそう思う」「でも、別のあのやり取りも効果的だったのではないか」などの指摘が出てきて、成功事例がさらに洗練されていきました。

ロープレで大事なことは徹底的に繰り返すことです。ゴルフでスコアをよくするために正しいスイングを体に覚えこませるのと同じです。また、特にお客さま役の職員には完全にお客さまになりきってもらわなければなりません。遠慮は無用です。いつもお客さまから断られていることをそのまま渉外担当者にぶつけてもらいます。ロー

〈図表 3-1〉 **ロールプレーイング**

【目的】

成果を出すための事前の練習である

1. 一人ひとりの課題を明らかにする

・上手くいかなかった場合はどこに課題があるのかを見つける

―― ①5つの渉外プロセス　②個々のプロセスフロー

2. 正しい練習を通じて接客スキルをレベルアップする

―― 知っていてもできなければ、意味がない

・話しすぎを防ぎ、聞き役に回る練習

3. 人から学べる、マネができる

・接客、商談の見える化により、気づきがある

――“そういうやり方があるんだ”

4. 度胸がつく

【やり方】

1. 目的をハッキリさせる

①序盤でのアプローチ・相手を知る

②中盤での信頼関係づくり、ニーズの把握の仕方

③クロージング技術

2. シーンや場面を細かく設定する

①リアリティのある具体的な設定

――・場所　・立ち位置　・人数等

②特に相手の反論や、断りの言葉を想定し、練習する

③時間を決める

3. 必ずフィードバックする

〈図表 3-2〉 **ロールプレーイング・チェックリスト**

年　　月　　日

氏名：

＿＿＿＿さん　のロールプレーイングで気が付いたところに○印をつけてください

1. 切り出しのクローズドクエスチョンは?

できなかった			非常に良くできた
1	2	3	4

2. 相手に誠実な関心を寄せ、質問はできたか?

できなかった			非常に良くできた
1	2	3	4

3. 笑顔で接し、態度や表情は?

できなかった			非常に良くできた
1	2	3	4

4. 間を取り、オウム返しはできたか?

できなかった			非常に良くできた
1	2	3	4

5. 聞き役に回り自分の方が話していなかったか?

できなかった			非常に良くできた
1	2	3	4

6. うなづき、相づちはできたか?

できなかった			非常に良くできた
1	2	3	4

7. いたずらに話題を広げず、深堀できたか?

できなかった			非常に良くできた
1	2	3	4

8. その他

①次回訪問の手掛かりは何か?
②共通点は見つけたか

プレが終わったらお客さま役の職員にはもちろん、参加者全員から感想を述べてもらいます。「熱意が空回りしている」「一方的にしゃべりすぎ」「提案の説明がわかりにくい」など、担当者にとっては耳の痛い指摘も出ます。しかし、そうした指摘は実はお客さまが感じていることなのです。ロープレはそのことを「見える化」する場なのです。

4節　コミュニケーション（傾聴）の基本

お客さまとコミュニケーションがうまく取れないようでは、信頼関係もできませんし、ニーズの把握もできません。

コミュニケーションを取るといっても、ただ単に雑談をすればいいということではありません。いちばん重要なことは相手に興味を持って誠実に向き合い、「相手が話したいことを熱心に聞く」という傾聴の姿勢です。コミュニケーションというと「双方向」と思いがちですが、お客さんと接する場合は相手が7、こちらが3くらいの割合で相手に話をしてもらうことが信頼関係構築のコツです。そのうえで、相手の置かれている状態を見極め、その人の感情を理解すること、さらには相手の言葉の背景に

〈図表 3-3〉 **顧客は困っていることを解決するためにお金を借りる**

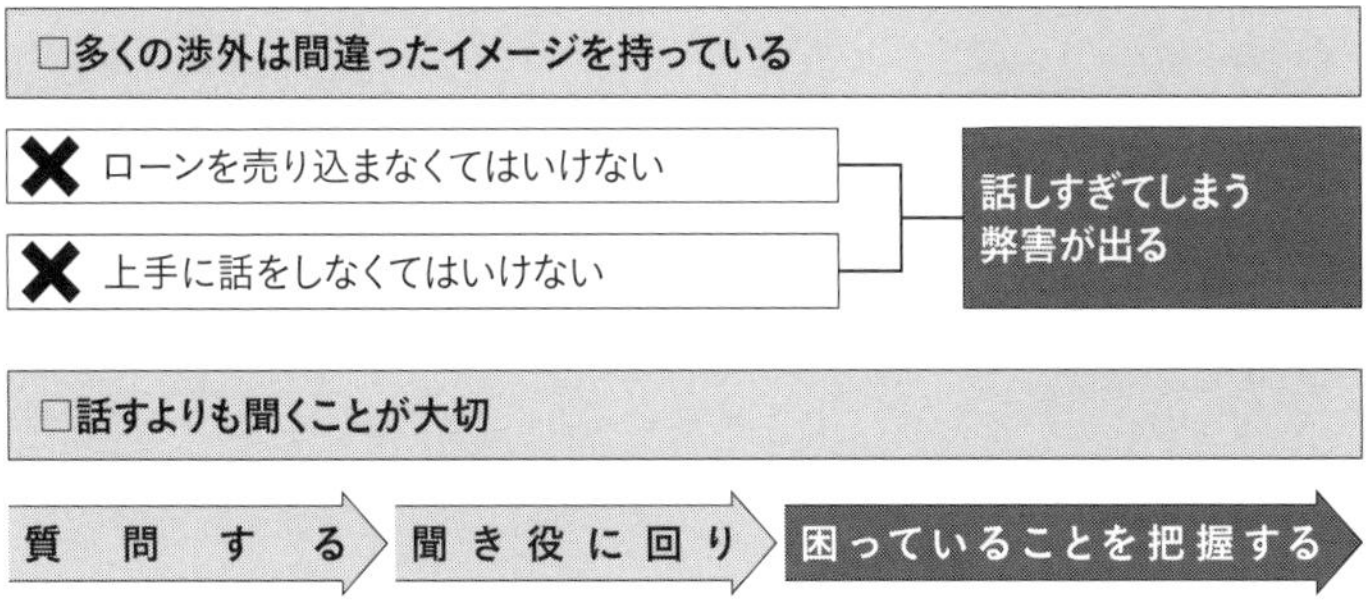
□多くの渉外は間違ったイメージを持っている
ローンを売り込まなくてはいけない
上手に話をしなくてはいけない
話しすぎてしまう弊害が出る
□話すよりも聞くことが大切
質問する
聞き役に回り
困っていることを把握する

〈図表 3-4〉 **話の聴き方 ── 御法度・心構え**

御法度	①説得しない、批判しない、とがめない ②相手の話にかぶせない、取らない、遮らない ③一方的に話さない ④自分の意見を押し付けない、自分の価値観に引き込まない ⑤早すぎる判断をしない ⑥沈黙を恐れない
心構え	①状況を見極め、その人の感情を理解する、受け止める ②その人の言動の背景にあるものを読み取る ③何を話すのかよりも、どのように話すのかに重点を置く ④誠実に関心を寄せ、相手の関心のありかを見抜く

〈図表 3-5〉 **傾 聴**

ペーシング
笑顔で接する
オウム返し
支持する・共感
うなづき相づち

あるものを読み取っていくことが必要です。また、ちらが話す際も、「何を話すか」よりも「どのように話すか」に重点を置くべきでしょう。

傾聴に際して、やってはいけない御法度がいくつかあります。

第一に、一方的にこちらから話してしまうことです。お客さまとせっかくお会いできたのだからと、まるで独演会のように話し続ける人がいますが、全くの逆効果です。相手から聞かれるまで自分のことは話さないぐらいでちょうどいいと思います。

それと関連しますが、第二に、自分の意見を押し付けたり、自分の価値観に引き込んだりしてしまうことです。どんなに小さな企業でも社長は一国一城のあるじです。その社長なりの考えや信念、価値観にもとづいて会社を経営しています。そうした信念、価値観を頭ごなしに批判したり、とがめたりすることは絶対に避けるべきです。

第三に、相手の話にかぶせたり話題の途中で話の腰を折ってしまったりして相手の話を途中で遮ってしまうことです。相手の話を最後まで聞かずに、「社長、それは少し違うのでは」とか、「つまりこういうことですよね」と話をまとめたくなることはよくあると思います。しかし、そうした相手の話の腰を折ることは、話の主導権を奪うことになり、相手を不快にさせます。相談をするつもりだったのに、話す気分ではなくなります。「この人とは合わない」と思われてしまうかもしれません。話の腰を折ると、コミュニケーションもそこで途切れてしまいます。

第四に、せっかく話をしてくれた相手に対して沈黙してしまうことです。聞き役に回っているときも「なるほど」「そうですね」といった適度なあいづちが重要です。「大変でしたね」「それはご苦労でしたね」など、相手の気持ちに共感する言葉を投げかけることも信頼につながります。

5節　質問

コミュニケーションの基本は「傾聴」だとお話ししました。しかし、「そう言われてもお客さまが話をしてくれない以上、どうしようもない」といった反論があるかもしれません。そうした状況は相手に質問をすることで打破できます。

もっとも、新規先などでは質問のきっかけをつくることも難しいかもしれません。大事なことは観察力です。「どうしてこんな絵がここに飾ってあるのだろう」「この会社のカレンダーがあるのはなぜだろう」「社長はこんな雑誌を読んでいるのか」「せっかくの観葉植物が枯れてしまっているな」など、周りを見渡せばいくらでもネタはあります。そうしたネタを私になりにまとめたものが、図表3-7にまとめた「きどに

〈図表 3-6〉 **実態把握 ― 事業性評価**

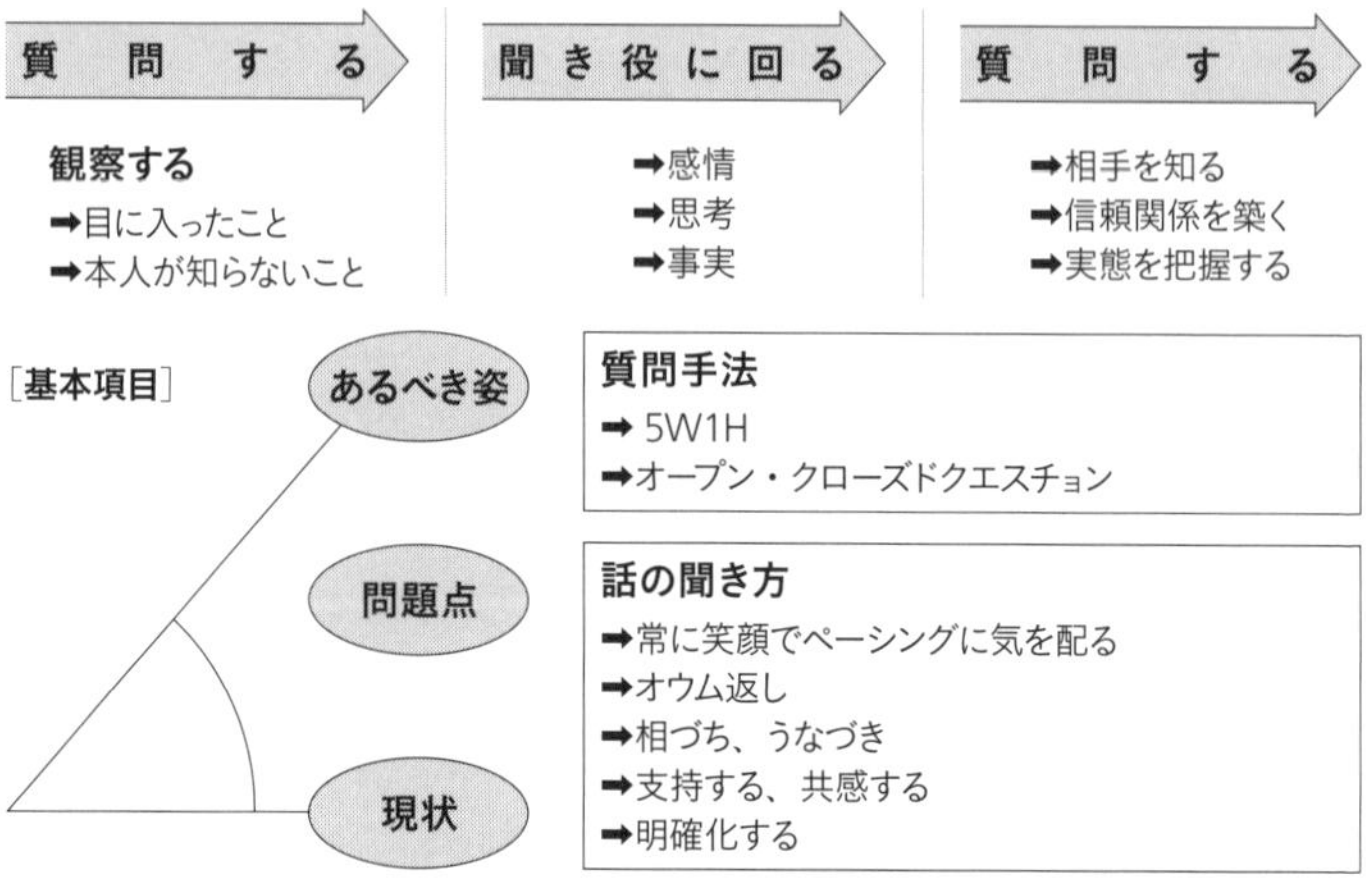

〈図表 3-7〉 **会話のきっかけ**

「きどにたてかけし衣食住」の例

き	季節	「いい季節になりましたね！」
ど	道楽	「今、何かはまっていることはありますか？」
に	ニュース	「昨日の○○の事件はびっくりしましたね！」
た	旅	「最近、どこかへ行かれましたか？」
て	天気	「今日はいい天気ですね！」
か	家族	「子どもさんは何年生でいらっしゃいますか？」
け	健康	「お顔に艶がありますが、何か秘訣があるんですか？」
し	出身地	「ご出身はどちらでしたか？」
衣	ファッション	「素敵なバッグですね！」
食	食べ物	「お好きな食べ物は何ですか？」
住	住まい	「お住まいはどちらですか？」

たてかけし衣食住」です。

これを活用しながら、相手との共通点を見つけることがスタートです。お互いの共通点が見つかれば、「あなたとは一緒ですね」と共感が得られ、会話が続いていきます。共通点を見つけるには、まず範囲を広げて抽象的な質問から入るべきです。例えば、「体を動かすのは好きですか」とまず質問し、「好き」という答えならば、「スポーツは好きですか」「野球は好きですか」「プロ野球はどの球団のファンですか」といった具合に、より具体的な質問をしていくわけです。

共通点を見つける際も含めて、質問で重要なのは、クローズドクエスチョンにすることです。質問というと、「こんにちは、社長さん。最近の会社の調子はどうですか」とオープンクエスチョンになりがちです。しかし、相手は「調子はどうですか」と聞かれても答えようがありませんし、そんなことは答える必要がないと不快に思われてしまうかもしれません。

そうではなく、「社長さんのところは、資金繰りは問題ないですか」「今年は設備投資の予定はありますか」とクローズドクエスチョンで聞けば、相手も「イエス」か「ノー」でしか答えられないので、こちらの聞きたいことに的確に答えてくれます。

私の持論は「成果は質問に比例する」です。クローズドクエスチョンを繰り返すことは訪問、信頼関係の構築、ニーズの把握、提案、アフターフォローという、いずれのプロセスでももっとも重要なスキルです。

〈図表 3-8〉 **質問事例**

- □ **○○にはどのようなイメージをお持ちですか?**
  ―― 相手の意見を確かめる
- □ **○○にあたって、何か問題点やご不明な点はございますか?**
  ―― 確認型
- □ **最後にもう一つだけよろしいですか?**
  ―― 本当に聞きたいことは最後に
- □ **○○するにはどうすればいいでしょうか?**
  ―― 困ったときに投げかける
- □ **初対面で失礼にあたるかもしれませんが、お聞きしたいことがありますので、お聞きしてもよろしいでしょうか?**
  ―― タイミング
- □ **仮に○○だとしたら、○○でしょうか?**
  ―― 主導権を握る
- □ **○○の点は○○と考えてよろしいでしょうか?**
  ―― 明確化
- □ **そもそも○○とは何でしょうか?**
  ―― 本質に踏み込む
- □ **あなたはどうお考えですか?**
  ―― 答えに窮したとき

〈図表 3-9〉 共通点を見つける ― 何を？

“あなたとは一緒で合いますね”というように共感できると交渉事はスムーズに進みます。その共感を得るにはお互いの共通点を見つけることがスタートです。

やさしい → 難しい

相手との親密度　低い → 高い

項目	内容
天気	“今日はいい天気ですね”“そうだね、いい天気だね”というように、天気を共通点にするのは、気軽で、しかも自然であり、第一声としてはもっともポピュラーである
趣味	ここも入りやすい箇所である。事前に調べておくとよい。①スポーツ（ゴルフ・野球）②旅行 ③車 ④音楽 ⑤囲碁・将棋 ⑥釣り等　話題にされて悪い気はしない
年齢	①自分自身と同じ年齢、年代　②奥さん、子ども、両親、兄弟もぬかりなく
共通の体験・人	①病気 ②旅行（国内・海外）③悩み 特に子ども、進学 ④映画、テレビ ⑤苦労したこと・楽しかったこと ⑥知人、取引先 ⑦好きな俳優、タレント、歌手
生い立ち	①出身地、育った所 ②出身校（小・中・高・大）③家族構成、兄弟構成、両親との関係 ④どういう育ち方をしたのか
ライフスタイル	①人生設計・自分の生き方 ②生活様式、こだわり ③子どもの育て方、教育方針 ④理想とする家庭 ⑤休日の過ごし方 ⑥物事の価値観
考え・主張	①人生の夢、目標 ②自分の生き方 ③好きな作家、小説 ④仕事、家庭に対する考え方 ⑤自分がもっとも大切にしている人、物、価値

〈図表 3-10〉 **経営に関する質問**

事業・経営・組織・戦略			
ビジネスモデル	工賃仕事・材料持ち	シェア	OEM生産
誰が顧客か	ボトムアップ・トップダウン経営	経営理念・経営計画	プッシュ・プル戦略
何をどのように	量産型・一品型	経営資源／ヒト・モノ・カネ	SPA
薄利多売か厚利商売か	品質・納期・コスト	リーダーシップ	アフターサービス
固定費と変動費	リスク管理	マネジメント	定性・定量分析
ストックかフローか	不動産投資	オンバランス／オフバランス	マーケティング
客数か客単価	ドメイン	NO2	ターゲット
川上か川下か	ネット販売・ショップ	ハラスメント対策	セグメント
人口比例産業か	フランチャイズ	チームワークと個人プレイ	雇用・離職率
立地産業か	目標設定（金額・期限）	コモディティ化	指示系統・決裁権限
在庫を持つ、持たない	エビデンス	競争相手	企業風土
現金商売か掛け商売か	相見積もり	ソリューション	プライスライン・値決め
仕入商売か販売商売か	コンプライアンス	アライアンス	環境変化への対応
必要な物か欲しい物か	シナジー効果	インバウンド	トレンド
営業力は必要か	スキーム（仕組み）	チャネル	事業承継
足は長いか短いか	ステークホルダー	ミッション・ビジョン	ガバナンス
装置産業	ニッチ戦略	生命線	インフラ整備・IT化
季節変動	差別化戦略	フレームワーク	ロジスティクス
ライフサイクル	低価格戦略	5S	情報の非対称性
待ちの商売	一点突破全面展開	ニーズ（顕在・潜在）	利便性
経営者の資質	BtoB：BtoC	モチベーション	成長性・将来性
ブランド・ブランディング	PDCAサイクル	かんばん方式	戦略と戦術
目利き	プライオリティ	既存客・新規客	選択と集中
商品ロス	ボトルネック	M&A・MBO	プロセスと結果
参入障壁	見える化	企業風土	非価格競争
知識集約・労働集約	現地現物	強み・弱み	固定客・顧客管理
社員教育	リードタイム	規模の経済	プロモーション
設備投資	特有な技術	バッファー	新規開拓
飲食のFL比率	アウトソーシング	コミュニケーション	返品・クレーム対応
受注生産・見込み生産	パレートの法則	商品・製品力	顧客本位・信頼関係
不具合・不良対応	ポジショニング	業界動向	

財務・会計			
資金繰り	キャッシュフロー	時価会計	偶発債務
設備投資	繰越欠損	レバレッジ	ディスクローズ
運転資金	債務超過	逆ざや	減価償却
粗利益	分類債権	粉飾決算	アセット
担保金融	格付け	未払い金	デットファイナンス
事業性金融	販売費・一般管理費	精算価値	内部留保
自己資本比率	節税	リスケ	のれん
ROE	財務諸表	増加運転資金	遊休資産
ROA	管理会計	つなぎ資金	連結決算
償還能力	補助金・助成金	季節資金	委託販売
利回り	仕入値	少額減価償却資産	後入れ先出し法
粗利益率	マージン	売価還元法	当座貸越
営業利益率	売掛金	流動性リスク	短コロ
経常利益率	買掛金	担保・保証	財務会計
当期利益	在庫	インターネットバンキング	労働分配率
バランスシート	不良在庫	外注費	信用リスク
損益計算書	貸倒れ	キャッシュイン	与信判断
損益分岐点	貸倒引当金	キャッシュアウト	

経　済			
GDP	先行指標	国際収支	間接税
買い手市場	バランスシート調整	日経平均株価	円相場
インサイダー取引	デフレ	NYダウ	日銀短観
有効求人倍率	失業率	国家予算	
ゼロ金利政策	住宅着工件数	直接税	
Jカーブ効果	働き方改革	消費税	

〈図表 3-11〉 プロセスとスキル

P表(1)		
序盤:相手を知る		
訪問日:		
担当者:		
訪問先:		
(1回・2回・3回・4回)		
P	先知	
	ラポート 切り出しの 言葉	
	クローズド クエスチョン	
	共通点	
技術・スキル	相づち、 うなづき	
	オウム返し	
	聞き役に 回る	
	警戒心を 和らげる	・誠実に関心を寄せる ・笑顔を忘れない ・名前を覚える ・相手の関心のありかを見抜く ・心から誉める
C		
A		

P表(2)		
中盤:信頼関係、ニーズ		
訪問日:		
担当者:		
訪問先:		
(5回・6回・7回・8回)		
P	先知	
	ラポート 切り出しの 言葉	
	クローズド クエスチョン	
	返報性の 法則	
技術・スキル	質問	
	・小道具 ・登場人物	
	内容	・意表を突く! ・どのような笑いを誘うのか?
	ニーズ	・商品力:キャッシュバック等 ・受け入れ態勢が万全 ・融通が利く ・案件を通してくれる ・営業のサポートがある
C		
A		

P表(3)		
終盤:クロージング		
訪問日:		
担当者:		
訪問先:		
P	場の設定	場所: 相手: 提案書: 時間:
技術・スキル	予想される 断りの言葉	
	対処法	
	クロージング 技術	・承諾型 −頼まない ・ラダーアップ・ダウン ・選択型 −どれにしますか ・直接型 −決めてください ・弱点容認型 −認める ・実績ちらり型 −人気がある ・お試し型 −試さないと ・沈黙型 −間をつくる"
A		

〈図表 3-12〉 **5つのプロセスに応じた質問時の心得**

【訪問する】 **◆相手に誠実に向き合い関心を持つ** 「われわれは自分に関心を寄せてくれる人に関心を寄せる」（詩人のシラス）、 ＝聞かれると答えようとするのが人間の心理 **◆目的を明確にした質問を心がける** 目的別に質問のシナリオを用意する
【信頼関係の構築】 **◆相手に好意を持つ** 相手の人となりを知るための質問 目に入ってくること、昔話（苦労、自慢、若い頃…） **◆共通点をみつける** 出身地、学校、好物、趣味などをさりげなく聞く **◆今の関心事や興味を聞く** 経済・政治、事件や出来事、家族、そして経営の悩みなど
【ニーズの把握】 **◆取引金融機関に求めていることは何か** 訪問頻度（回数、肩書）、事業への理解、融資条件 **◆経営上の問題は何か** 売上・利益、資金繰り、人材育成、事業承継など **◆求めている情報は何か** マクロ経済・金融の情報、地域情報、業界動向、各種コンサルティング、 公的サポートなど
【提案・クロージング】 **◆複数の提案、要望を聞く** 押し付けず、相手にニーズを言わせる 言質を取り矛盾を突く **◆獲得できたものとして商談を進める** 「お願いセールス」をしない、頼まない 契約した場合のことを説明、提示する **◆状況に応じて技法を使い分ける** ラダーアップとラダーダウン、社会的証明、希少性など
【アフターフォロー】 **◆選択は正しかったのかという意識を払しょくさせる** 契約直後の訪問 **◆取引についての本音を引き出す** 満足したかどうかを確認する、不満や心配事を聞く **◆知り合いを紹介してもらう**

第四章

事業性評価で融資目標200%達成

1節　事業性評価とは何か

（1）融資を増やすための一つの手法

事業性評価は何のために行うのでしょうか。それは、第一に「金融仲介機能の発揮＝融資増加」のためです。財務データや担保・保証に過度に依存せずに融資を増やすための一つの手法、それが事業性評価です。第二に「コンサルティング機能の発揮」のために行います。融資先の経営内容が悪くなったら回収するという発想ではなく、事業の再生をお手伝いし、伴走していくという発想が大切です。そして金融仲介機能・コンサルティング機能の発揮を通じてお客さまと地域社会の発展に貢献することが最終的な目的です。

このように、事業性評価は融資を増やしたりコンサルティング機能を発揮したりするための一つの手法であって、それ自体が目的ではありません。しかし、金融庁の大号令のもと、本部が「事業性評価、事業性評価」と現場に発破をかけているせいもあるのでしょうが、残念ながら事業性評価をすること自体を目的化してしまっているようなことも少なくないようです。

事業性評価が、業績評価の項目に加えられていることもあって、担当者は「こんなことをやって何になるのか」と疑問を抱きつつ、事業性評価のシートに機械的に必要事項を書き込んでいきます。でも、通り一遍のことしか聞きませんので、企業の実態はちっともわかりません。その結果、現場は「事業性評価疲れ」になってしまい、融資は増えるどころか減ってしまいます。このような悪循環に陥らないようにしなければなりません。

事業性評価とは、後述するようにお客さまの生命線を見極め、将来性を判断することです。そのためには、情報を集めることが重要です。

案件が上がってきたとき、「この財務内容で大丈夫か」と担当者に聞くと、たいがいは「この会社はつぶれることはないと思います」と答えます。しかし、「ならば、その理由を文章にまとめてみろ」と言うと、なかなかまとめられません。事業性評価とは、情報を集め、「この会社はつぶれない」と思う理由・根拠を探し出し、まとめることに他なりません。

〈図表 4-1〉 **事業性評価の目的 ―― 金融仲介・コンサルティング機能発揮の手段**

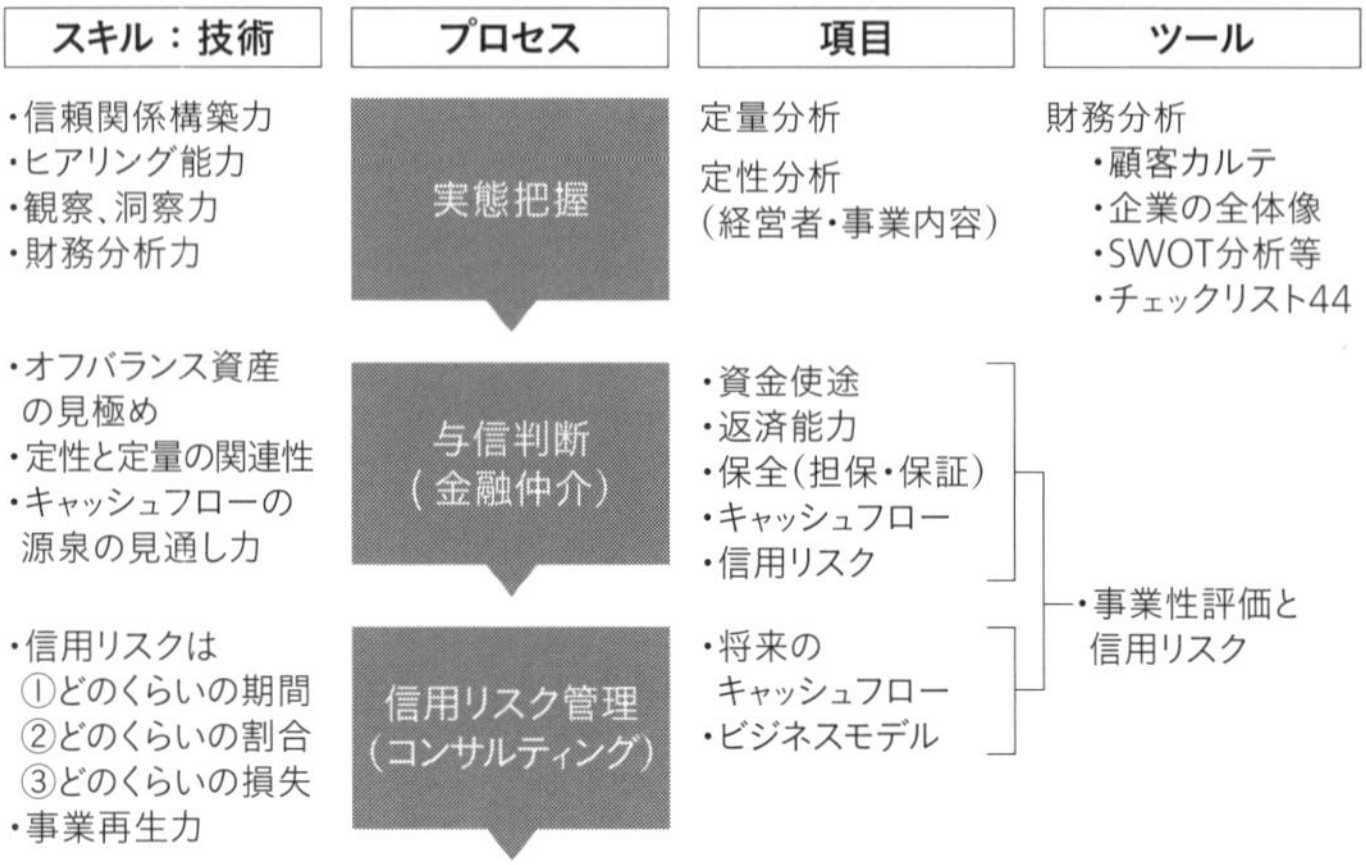

スキル：技術	プロセス	項目	ツール
・信頼関係構築力 ・ヒアリング能力 ・観察、洞察力 ・財務分析力	実態把握	定量分析 定性分析 （経営者・事業内容）	財務分析 　・顧客カルテ 　・企業の全体像 　・SWOT分析等 　・チェックリスト44
・オフバランス資産 　の見極め ・定性と定量の関連性 ・キャッシュフローの 　源泉の見通し力	与信判断 （金融仲介）	・資金使途 ・返済能力 ・保全（担保・保証） ・キャッシュフロー ・信用リスク	・事業性評価と 　信用リスク
・信用リスクは 　①どのくらいの期間 　②どのくらいの割合 　③どのくらいの損失 ・事業再生力	信用リスク管理 （コンサルティング）	・将来の 　キャッシュフロー ・ビジネスモデル	

〈図表 4-2〉 **事業性評価に基づく融資**

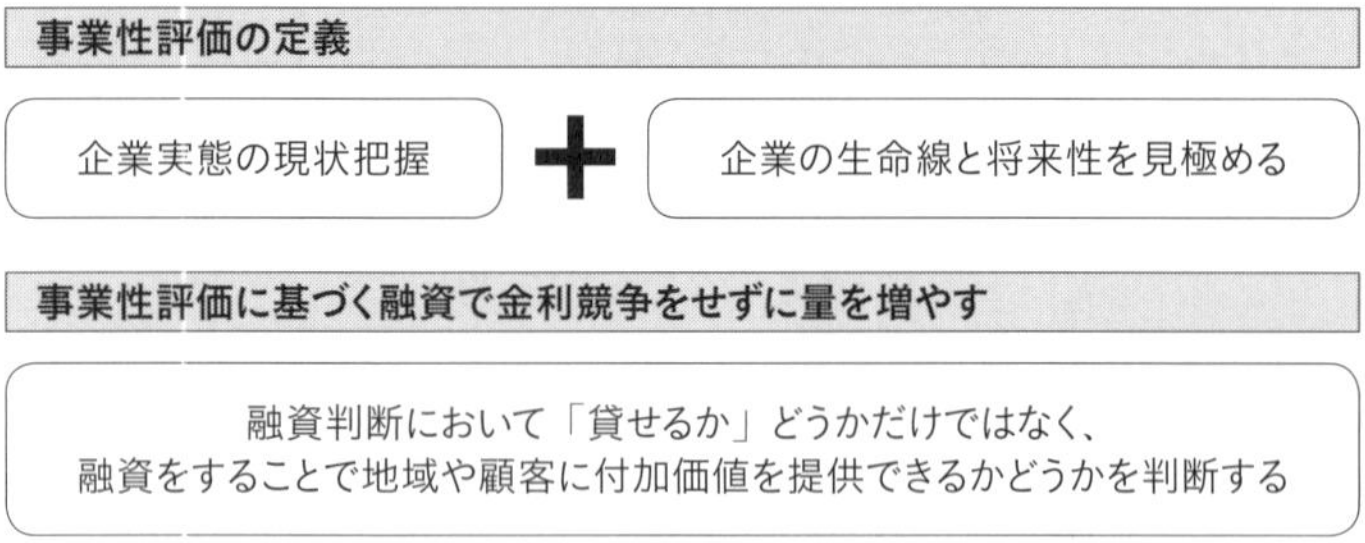

企業実態の現状把握
企業の生命線と将来性を見極める

融資判断において「貸せるか」どうかだけではなく、
融資をすることで地域や顧客に付加価値を提供できるかどうかを判断する

（2）事業性評価の対象先

事業性評価による融資が重要だといっても、すべての取引先を対象に実践するのは無理があります。手間も時間もかかることから、事業性評価は年間に何百先を対象にできるわけではありません。

ではもっともふさわしい対象先はどこなのでしょうか。まず真っ先に挙げられるのは、財務や保全上何らかの問題がある先です。つまり業績が芳しくなく、赤字だったり担保不足でこれ以上の融資が難しかったりする企業です。過去にそうした理由で融資をお断りした先も、当然、事業性評価の見込み先になります。財務内容も良好で、担保も十分にあり、保証協会も付けられる先に対しては、コンサルティング機能を発揮し課題の解決をサポートすることがあるかもしれませんが、事業性評価によって融資の可否を判断することは基本的にありません。

そう考えますと、本気で事業性評価ができるのは、1つの支店で、1人当たり年間5～7先くらいではないでしょうか。しかし、金融庁の旗振りもあり、「すべての取引先に対して事業性評価を行う」という施策を掲げ、事業性評価シートを何枚作成したかを業績評価の項目に入れているような金融機関を散見します。こうした場合、事

〈図表 4-3〉 **事業性評価の主な対象先**

将来性があり	➡財務上何らかの問題点を抱えている先 ➡担保・保証面の保全面で不足のある先
原則、対象にならない先	➡財務内容がよく ➡担保・保証の保全面に問題がない先

〈図表 4-4〉 **従来の融資対象ゾーン**

業性評価をしやすい先や、本来対象先でない先を対象にしてしまい、単なる評価シートづくりで終わってしまいがちです。

　優良企業ではなく、これまで融資の対象として見ていなかったような先を事業性評価の対象にするからこそ、融資の拡大にもつなげられるのです。事業性評価は融資の対象を広げるための手段であり、事業性評価自体が目的ではないということを忘れないようにしたいものです。

（3）事前調査

　前述のように、事業性評価ではお客さまの情報を集めることが重要です。できるだけ多くの情報を集め、そこから生命線や将来性を把握しなければなりません。

では、情報はどこにあるのでしょうか。いちばん手っ取り早く、かつ皆さんも日常的に活用しているのは決算書でしょう。しかし、お客さまが金融機関に提出している決算書は財務会計ベース、つまり税金を計算するために作っているものですから、経営の良しあしや将来性を見極めるための情報としては十分ではありません。

一方、どのお客さまも、日々の売上、支出や収支の動き、商品別・地区別・顧客別の売上、利益の推移、部門別の売上、経費などを、それぞれ独自の計算の仕方(管理会計)で把握しています。こうした管理会計ベースの計数は、未来に焦点を当てているといえます。金融機関に提出する財務会計ベースの決算書はどちらかといえば過去の実績の成績表です。したがって、事業性評価を行うにあたっては、管理会計ベースの計数が重要な情報となります。

お客さまから直接ヒアリングをしなくても事前にわかる情報は他にもあります。保証協会の利用残高、所有不動産の抵当権設定、帝国データバンクや東京商工リサーチ等の企業情報・評点の確認、商工会議所や業界誌などを活用した営業エリア、業界動向の調査など、いろいろ考えられます。

〈図表 4-5〉 **管理会計と財務会計の違い**

	管理会計	財務会計
情報の利用者	内部経営管理者	外部利害関係者 （税務当局、株主）
目的	方針・意思決定と業績評価	過去の業績の集計・報告
基準	各企業の経営理念や独自の基準や考え方による。企業ごとであり定型的なものはない。	税法、会社法、企業会計原則、金融商品取引法
特徴	未来に焦点を当てている	過去に焦点を当てている
アウトプット	・日締め管理・商品別、地域別、顧客別 ・原価、利益管理 ・部門別利益、経費 ・在庫、客数、売上個数、人員等の把握	・貸借対照表 ・損益計算書 ・キャッシュフロー計算書

しかし、事前調査の情報は、あくまで他人の意見や見方にすぎないという点に注意してください。帝国データバンクや東京商工リサーチの企業評価の点数が低くても、それは他人の一つの「意見」であり、自分の判断とは全く別のものです。ところが点数が低いと、先入観でその企業なり社長を見てしまいがちです。むしろ点数が低いからこそ、事業性評価の対象にふさわしいということもあります。

そもそも事前調査で得られた情報も、過去のものであって、将来は語ってくれません。保証協会に残高を聞いても「いま、残高はこれだけありますが、将来は問題ないです」などということは教えてくれません。不動産もそうです。いま、その会社は100坪の土地と建物を持っているという事実がわかるだけです。

事前調査に頼りすぎると、実際にお客さまを訪問して、その会社の雰囲気・ムードや社長の表情・態度、従業員の動きなどを見る観察力や直感が鈍り、結局、担保・保証や財務データに過度に依存する融資から脱却できないことになってしまいます。

この観点から、事前調査の情報も重要ですが、あまり先入観や予断を持たずにお客さまを訪問し、「現地現物」で確認することが肝要です。

2節　事業性評価の仕方

(1) 全体像を理解する

お客さまのことを理解するためには、会社概要、経営方針・ビジョン、業務内容、業界動向、顧客・取引先・関連会社、組織、経営者の人物像といったことをトータルで把握しなければなりません。その際に役立つのは「企業の全体像」と「顧客カルテ」のシートです。

「顧客カルテ」は新規先開拓を念頭においた内容になっていますが、既存先の事業性評価を行う際にも有効です。ここでは「顧客カルテ」の作り方を少しお話ししましょう。

「顧客カルテ」を作成するための面談にあたっては、自分はそのお客さまにいかに関心を持っているかということを示しつつ、とにかく相手の話したいこと、自慢したいことを聞くという姿勢に徹することが大事です。

ただし、会話のきっかけを間違えると「忙しいから帰ってくれ」と言われてしまいかねません。しかし、会話の最初に押すボタンを間違わなければ必ず話をしてくれるはずです。なぜなら、サラリーマンであれば仕事が終わって居酒屋に行って同僚に愚痴をこぼすこともできますが、中小企業の経営者は基本的には孤独ですから、自分の話を聞いてくれる人が周りにあまりいないからです。どんなお客さまでも、必ず話をしたいことはあるはずです。

例えば、開業動機であれば、いつから、あるいは社長が何歳頃に事業を始めたのか、2代目の社長であれば何歳で先代から事業を引き継いだのか、なぜ、事業を始めたのか。サラリーマンをやっていたけど会社勤めがばからしくなって自分で事業を始めたとか、こんなにもうかるなら自分でやった方がいいと思って事業を始めたとか、いろいろな理由があるはずです。

「ヒット率」が高い（話がはずむ）のは苦労話です。苦労の経験のない社長はいません。何かちょっとしたきっかけから「さぞかし、これまでもご苦労がおありだったのでしょうね」とお聞きすると、ほぼ間違いなく、「いや、実はなぁ…」という展開になるはずです。

また趣味の話も、相手との共通点を探すうえで、非常に有効です。それに趣味の話をされて嫌がる人はまずいないはずです。

このように顧客カルテの項目のうち、より重要なのは「人物像」の把握です。お客さまの全体像を把握するという問題意識を持っていれば、「出身は関西」「奥さまとは学生時代に知り合った」「子どもが3人いる」「息子は地元には戻ってきたくないと言っている」といった世間話のような会話のなかにも、たくさんのネタが発見できます。

人物像を把握することは、お客さまとの信頼関係構築の第一歩です。逆に言えば、この顧客カルテに挙げているような項目については知っておかなければ、信頼関係の構築などおぼつかないでしょう。

次に「顧客カルテ」の「仕事上」の項目ですが、このなかには「人物像」の項目と、表現の仕方は違っても実際は一緒のものもあります。人生・商哲学と経営理念・方針、夢・目標と今後の計画・ビジョン、などです。

難しいのは経営の問題点や課題の把握です。「社長、御社の課題は何ですか」と真正面から聞いても「うちの課題はこうだ」と答えてくれるお客さまはいません。ですから、「5年後、10年後にどのような会社を目指していますか」「それは具体的にはどういうことですか」「その目標のためには何をやらなければなりませんか」といった形で波状的に質問をしていくことが必要です。

例えば、あるお客さまが「10年後には『プレス加工ならばA社』と言われるようになりたい」と話されたとします。その場合、「それは具体的に売上をどのくらいに増加させるということですか」「そのためにはどのような製品、技術、人材が必要ですか」「今の技術力、営業力で10年後のビジョンは達成できますか」といったやり取りをすることで、経営の問題点や課題が浮かび上がってきます。

〈図表 4-6〉　**企業の全体像**

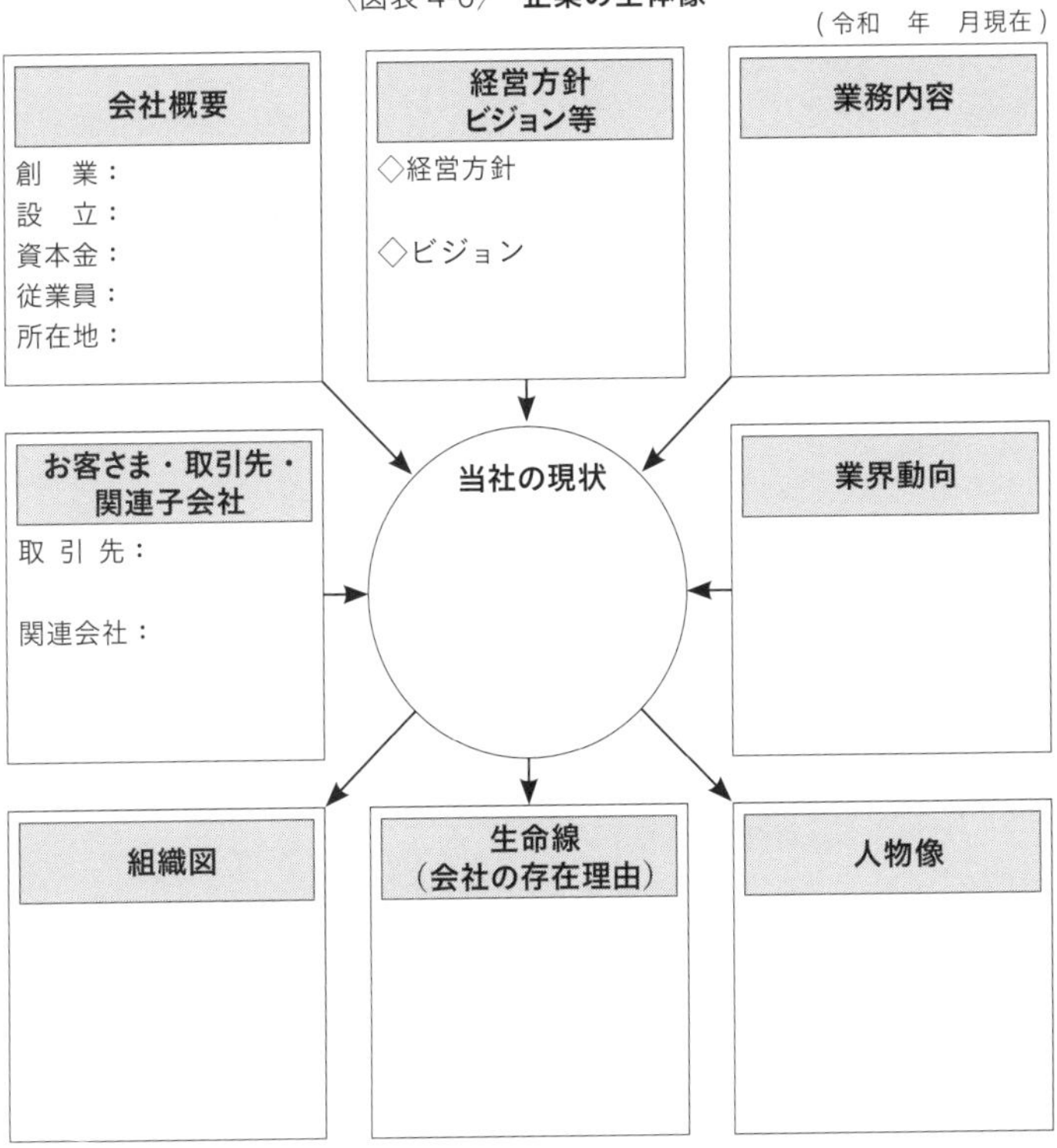
（令和　年　月現在）
会社概要
創　業：
設　立：
資本金：
従業員：
所在地：
経営方針
ビジョン等
◇経営方針
◇ビジョン
業務内容
お客さま・取引先・
関連子会社
取 引 先：
関連会社：
当社の現状
業界動向
組織図
生命線
（会社の存在理由）
人物像

〈図表 4-7〉 **顧客カルテ**

No.

作成日　　　　　　　　　　　　担当者：

会社名			代表者		年　月　日生
住所		TEL	業種		従業員数

人物像			仕事上		
開業動機	いつ	いくつの時に	主力製品・商品		
				粗利　　％	回転率　　回
生い立ち、出身地・校			経営理念・方針		
家族構成			ビジネスモデル		
苦労話・昔話			製品・商品の特徴		
人生・商哲学			売れる・受注の理由		
価値観・こだわり			今後の計画・ビジョン		
夢・目標			経営の問題点		
趣味			経営の課題		
つきあっている人			競合先		
奥さま			理想とする会社		
エピソード			後継者		ナンバー2
自慢話			メイン先	取引動機	訪問頻度　　回

〈図表 4-8〉 **経営のチェックリスト 44 ①**

社名：　　　　　　　　　　　　　　　[チェック] 該当する項目に ✓を記入する

ヒト		
項目		チェック
①理念・目的・ビジョンは明確か	上位概念・方向性	
②数字での経営状況は把握しているか	経営3表(P/L、B/S、CF)	
③ガバナンス(内部・外部)の仕組みはつくっているか	部外者の意見に耳を傾ける	
④当社には何が必要で何が不足しているか把握しているか	課題の把握	
⑤定期的に幹部教育・社員教育は行われているか	人のレベルアップ	
⑥従業員とのコミュニケーションは図れているか	場、時、機会、スキル	
⑦NO.2はいるか	参謀役	
⑧経営計画書は作成されているか	会社のあるべき姿	
⑨経営の3要素は認識しているか	経営の3つの視点	
⑩後継者の育成はされているか	後継者の育成	
⑪事業継承・相続対策はされているか	早めの対策が功を奏す	
⑫当社の生命線は何かを定期的に検証しているか	そもそも生命線は何か	
⑬マンネリを防止し常に新しいことにチャレンジしているか	イノベーション	

モノ		
項目		チェック
⑭受発注のルール化・システム化は確立されているか	標準化・手順化・文書化	
⑮在庫管理	在庫の見える化	
⑯2Sは実行されているか	整理・整頓	
⑰販売先別・製品別の販売戦略は立案されているか	個別の戦略・戦術の立案	
⑱販売別・製品別の粗利を把握しているか	個別の売上・仕入・利益	
⑲価格競争に陥っていないか	コモディティからの脱却	
⑳いたずらに取扱商品を増やしていないか	方針に合致しているか	
㉑主力商品の動向を常に把握しているか	主力商品の動向チェック	
㉒返品・クレームへの対応は万全か	ピンチをチャンスに転換	

〈図表 4-8〉 **経営のチェックリスト 44 ②**

カネ

項目		チェック
㉓身の丈にあった調達・運用をしているか	事業価値の見極め	
㉔借入金の返済はCFに見合っているか	CFの把握	
㉕資金調達のパイプを強化しているか	金融機関との関係強化	
㉖財務比率は把握しているか	財務分析	
㉗日締め管理はなされているか	まずは1日の収支から	
㉘毎月の資金繰り表は作成しているか	入と出は経営の基本	
㉙数値計画は立てているか	まずは計画ありき	
㉚損益分岐点売上は把握しているか	最低必要売上高	
㉛経営の黄金係数を把握しているか	経営の物差し	
㉜内部留保に努めているか	リスクへの備え、再投資	

戦略・組織

項目		チェック
㉝管理会計を生かした経営を行っているか	戦略立案のためのデータ	
㉞営業体制を整えているか	営業があっての会社	
㉟生産・営業・物流・在庫の横の連携はできているか	機能別管理	
㊱モチベーションアップのための策は図れているか	B/Sに表れない最大の資産	
㊲自社のビジネスモデルを把握しているか	まずはだれがお客さまか	
㊳戦略から戦術への落とし込みはできているか	戦略は一つ、戦術は無限	
㊴他社との差別化は図れているか	非価格競争	
㊵販売先・取引先は過度に集中していないか	ポートフォリオ	
㊶PDCAは回っているか	CとAの定番	
㊷見える化に取り組んでいるか	共通認識・行動	
㊸IT化の推進はされているか	生産性の向上	
㊹税理士任せになっていないか	経営実態を表す決算書	

COLUMN

最後は人

私が支店でまだ担当者だった頃、新規先獲得で訪問していたお客さまのなかに、ある税理士事務所がありました。最初は「何度も来るな」と言って追い返されていたのですが、めげずに訪問していたらついにお客さまが根負けして「仕方ないな、取引を考えようか」ということになり、支店長にも一緒に訪問しました。応接室で待たされていると、税理士の先生が購入したばかりのコピー機が故障したと、電話で怒っているのが聞こえきました。それが、「責任者もいっしょにすぐに来て謝れ」とか「おまえのメーカーの製品はコピー機だけでなく、他も二度と買わない」とか相手をののしるようなすごい怒り方でした。その時、支店長が、一緒、この税理士事務所との取引はやめておこう」と席を立ったのです。

帰り道で支店長が、「コピー機を売った人と買った人では買った人の立場が上なのは当然だが、だからこそ自分より立場の弱い人にどう接しているかが大事だ。電話のやりとりを聞いて、あの所長が部下をまとめて、いい仕事をしているとは私は思わない。何千万円か金を貸すことになるかもしれない相手だ。最後は人だよ」と教えてくれました。人物像を評価するタイミングは意外と多いものです。

（2）付加価値を見極める

前述のように、事業性評価とは、お客さまの生命線を見極め、将来性を判断することです。「生命線」には、後述の「仕組み」「親会社からの受注理由」「技術力」「付加価値」などがあります。ここでは「付加価値」についてお話しします。

見極めるべき「付加価値」は2つあります。1つは、お客さまの事業や商品・サービスの「付加価値」です。つまり、競合他社と何で差別化するのか、競争力は何かをつかむことです。競合他社より、いかに優れた価値を、どのような顧客（マーケット）に、どのような方法で提供しているのか、そして、その「付加価値」が地域経済のなかでどのように役立っているかを見極めます。

もう1つは、今回の融資によって、お客さまはどのような「付加価値」が創出できるのかを見極めます。言葉を換えれば、今回の融資がお客さまにとってどのくらい役立つものなのかを分析します。

この2つの「付加価値」を見極めることは、お客さまの存在価値と将来性を俯瞰《ふかん》することに他なりません。お客さまの存在価値には、地域の物流や商流を担っていたり、商品販売の拠点だったり、さまざまなものがあります。事業規模の大小や業績の良しあしに関係なく、その地域では欠かせない存在であるはずです。なかでも雇用の維持という側面では、大きな役割を果たしています。たとえ中小企業であっても、倒産してしまったら、失業した人をそっくり雇用してくれるようなところは地域にはなかなかありません。

そうした存在価値や将来性を判断する際に、担保や保証の有無はあまり考慮する必要はありません。また、財務データもお客さまの将来性は示してくれません。

3節　業種別の生命線とその見極め方

（1）業種別の生命線

事業性評価の要諦は「企業の生命線を見極める」ことです。そのためには、業種別に事業評価のポイントを理解している必要があります。例えば、小売り・卸業なら「仕組み」

〈図表 4-9〉 事業性評価：融資判断

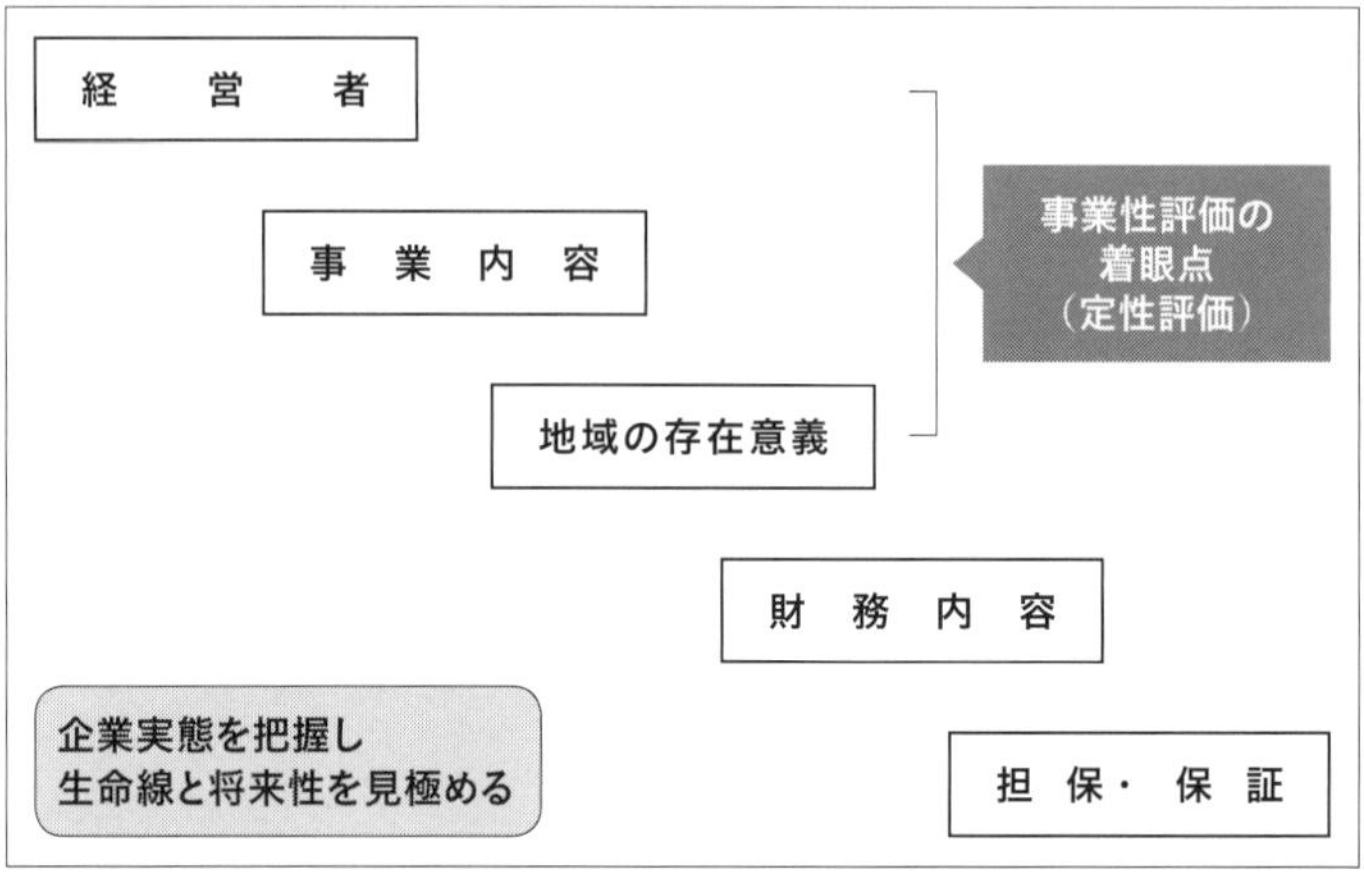

に、製造業であれば「親会社からの受注理由」に着目する、という具合です。

業種別のポイントは、「帰納法」でとらえます。帰納法というのは、たくさんの事例の中から共通点を見つける手法です。分母が少ないと共通点を間違えますから、母集団の事例を多く集めることが大事です。多ければ多いほど精度は高まります。飲食店であっても運送業であっても、必ず事業が存続するための共通点があります。

SWOT分析は、いわゆる演繹法の一種で、一般的な傾向をその企業に当てはめ、特徴を見い出そうとする手法です。しかし、一般的な傾向と中小企業の実態とは乖離《かいり》が大きいため、SWOT分析は少なくても中小企業の事業性評価にはあまり適していないと思います。

大企業と中小企業を比較すると、同じ業種でも中小企業の方が圧倒的に種類が雑多です。ですから、自行・庫のお客さまを見比べて、「飲食店の特徴はこうだ」「運送業にはこんな共通点がある」と思うことを書き出してみることをお勧めします。それらは必ずしも正しくはないかもしれませんが、ある程度は的を射ていると思います。

事業性評価的は、1社ごとの特徴・実態を踏まえた「帰納法」の方が「手触り感」があり、自分の納得感も高いと思いますので、「帰納法」で事業性評価をしていくことをお勧めします。それでは業種別の事業性評価のポイントを2つご説明しましょう。

(2) 飲食店

飲食店は、廃業率が全業種の中でもっとも高い業種です。日本政策金融公庫が行っている「新規開業パネル調査」によると、2011年から2015年における全業種の廃業率の平均が10・2%であるのに対し、飲食店・宿泊業の廃業率は18・9%となっています。実際、私がダスキン社の人から聞いた話でも、個人店は5年以内に80%くらいは姿を消してしまうということでした。その理由は、業種ならではの特徴」に起因しています(図表4-10)。

飲食店は典型的な箱ビジネスです。立地が勝負であり、そこでは競合店との消耗戦が待っています。ただ単に「おいしい」と言うだけでは生き残れません。私は、研修やコンサルで全国を歩きますが、どんな地方都市でも駅から降りると、だいたい全国展開をしている飲食店があります。例えばチェーン店のパスタ屋があるとして、地元の個人店とどちらがおいしいかというと、個人店の方がおいしいです。しかし、現実問題として、個人店は生き残れません。ということは、おいしいからもうかるとか、おいしいからお客さんが来るわけではないということです。飲食店については、「あの店はおいしいから大丈夫」というだけでは事業性評価をしたことにはなりません。飲食店は参入障壁が低いので誰でもすぐにできそうに思いがちですが、実は難しいビジネスモデルです。その最大の理由は利益率が低い、典型的な「薄利多売」ビジネスだからです。それだけに、2店舗目を開く際は要注意です。個人経営で2店舗目が成功するケースは、ほとんどありません。これは一般論ではなく、帰納法の結果がそうなのです。

利益率を高めるためには、原価率の引き下げや在庫管理の徹底が重要となります。飲食店は基本的に現金商売です。しかし買掛金があります。それを忘れて、手元にある現金を使って無駄な投資をしたり、高級車を買ったりすることがよくあります。実

〈図表 4-10〉 **飲食店**

1. 廃業率が全業種でもっとも高い —— 日本政策金融公庫（2011 ～ 2015 年）
・業種別廃業率 – 全体は 10.09%で飲食店は 18.9%
・5 年以内に 80% は廃業する —— ダスキン：参入障壁が低い
・チェーン店は残るが、新規開店した飲食店はすぐに姿を消す

2.FL 比率が経営を左右する —— F(フード)、L(レイバー・人件費) FL/ 売上高
・町中のそば屋や中華店がなぜ存在するのか —— 人件費・経費がかからない
・55%以下に抑えないと、採算が合わなくなる
・日替わりランチメニューは、前日の食材転用であることはよく知られている

3. 典型的な箱ビジネスである
・立地に左右され、簡単に動くことができない —— 競合店との消耗戦が待っている
・新しいもの好きの人は競合店に行ってしまう —— イタリアン・カフェ等

4. 経営の要諦 —— 飲食は難しいビジネスモデルである・2 店舗目は要注意する
・原価率の引下げや在庫管理が重要である —— 特に買掛金の管理（現金商売である）
・人材確保（パート、アルバイト）—— 低賃金、重労働が大きな要因となっている
・おいしいからといってもうかるわけではない —— マネされやすいし慣れる

際、私はそうしたケースをいくつも見てきました。

また、FL比率に注目します。FLのFはフード（材料費）で、Lはレイバー（人件費）です。FL比率とは、材料費＋人件費が売上高の何%を占めるかを示すものです。55～60%以下が適正とされています。日替わりランチは、前日の残りの材料で作りますが、これはFL比率を下げることにもつながります。

飲食店の場合、他の業種以上に人件費のコントロールが利益率に直結します。低賃金、重労働なため、継続的に人材（パート、アルバイト含めて）を確保することは容易ではありません。町外れのラーメン屋がなぜ生き残っているのかという

と、夫婦二人で営んでおり人件費がかかっていないからです。少人数で回せるオペレーションになっているか、パートやアルバイトの人が「働きやすい」職場環境となっているか、といったことも確認しないと事業性評価はできません。

（3）製造業

製造業を見るポイントは、「親会社からの受注理由」は何かです。親会社が協力会社（下請け）に出す理由は1つです。下請けに出した方がもうかるからです。つまり、受注できるかどうかは、親会社の経営上の判断に左右されます。

受注するうえで、下請けの協力会社は、「製造できる技術力」（品質、納期、コスト）が当然、必要です。それから「経営者の意欲」も大事です。ここが意外と見落とされがちです。今、技術革新が激しいので、親会社から来月から製造方法や材料を変えてくれという要望がくることはザラにあります。新しい技術や機械を導入する意欲も親会社は見ています。かつて、トヨタ関連の人が「中小企業のおやじたちは、全然、考え方を変えようとしない。世の中、ものすごいスピードで変わっているのに」と話していたことが思い出されます。

また、当然のことながら「経営状態」を見ています。資産の状況はどうか、設備投

〈図表 4-11〉 **親会社の発注理由**

発注理由 ⇒ 下請けに出したほうがもうかるから

発注評価 ⇒
・複数発注

1. 製造できる技術力 ── ①品質、②納期、③コスト
2. 経営者の意欲 ── ①増産、②モデルチェンジ
・今までどおりでよい
・ずっと同じ仕事をすることはあり得ない
・新しいことに挑戦する
3. 経営状態 ── 資産の状況・設備投資はできるか
・人材のレベル
・他の仕事は何か
・どこと取引しているのか
・ISO(年に1回再評価)

下請け企業 ⇒
1. 今後の受注の行方 ── 受注量とコスト
2. 汎用部品かすぐ変わる部品か(省エネ)
3. 不良・不具合 ── 親会社との取り決め、関係

資はできるのか。新しいことをやろうとしたときに、新しい機械を入れないといけなくなりますがその資金力があるのかもポイントとなります。親会社は協力会社をこの3つの視点で選んでいます。

では、協力会社である製造業は、どこを見て事業性評価すればいいのでしょうか。第一に、今後の受注の行方、具体的には受注量、そのコストです。第二に、作っている製品は汎用（はんよう）性があるかどうか、その部品の切り替えのサイクル、タイミングはどうかといった点です。汎用性のある部品であれば、万が一、親会社からの受注が途絶えても、他の会社に販売することができます。

第三に、不良・不具合品のウオッチで

す。製造業では不良品や不具合品が一定の割合で発生するのは宿命のようなものです。不良品や不具合品が出たときの対応について、親会社との間でどのような取り決めがなされているかが重要です。例えば、ある部品を1万個作って納めたとします。当然、親会社は検品します。その後、不具合品があった場合、協力会社の責任はどの程度なのか、しっかり聞いておくことが大事です。これによって、親会社とこの会社の関係がわかるからです。

COLUMN

経営者の意欲

K製作所が製造したブルドーザーを運んでいる会社に融資をするという案件がありました。

その会社が使っているトレーラーは、およそ5000万円するそうです。車体部分は2000万円ですが、その上に乗せる大きな鉄の箱みたいなものが高く、3000万円近くもするそうです。なぜかというと造るのに半年以上をかけ、安全性に徹底的こだわった車両なので高価なのです。

案件はその会社に新しいトレーラーの購入資金を融資するというものでした。私は、案件を上げてきた部下に「その会社にK製作所が今後も発注し続けるとは限らないじゃないか」と質問しました。そこで、K製作所に確かめてみることにしました。すると、K製作所がブルドーザーの輸送でいちばん恐れていることは「事故」だということがわかりました。

例えばK製作所のブルドーザーを運んでいる途中で、ブルドーザーが落下して、人が亡くなってしまうような事故が起こったとします。これは、社会的にも大きな問題となります。

この点、安全性にこだわった5000万円もするトレーラーを使っていれば、落下事故は極めて起きにくくなります。その運送会社は、K製作所がそれを望んでいるため高価な囲いをトレーラーに取り付けていたのです。

この話を聞いた審査部は、「他の運送会社も同じような囲いを付けたトレーラーを所有したら、K製作所はそこに注文を出すんじゃないのか」と言いました。そこで、それもK製作所に聞いてみました。すると「そういう可能性は考えられないこともないが、この地区についてはありません」という答えでした。

これは経営者の意欲があるかどうかという話でした。もし、意欲がなければ、「うちみたいに、売上高がたいしてない会社が、5000万も投資してブルドーザーを運ぶトレーラーを購入するなんてバカげている」という話になってしまいます。しかし、その運送会社の社長は、発注元のK製作所の要望に応えるために、決断して今回の融資を受けようとなったのです。

事業性評価の結果、K製作所からの発注が今後も続くことが確信できた以上、担保を取る必要はなくなりました。

4節 事例研究

前節では事業性評価の要諦は「企業の生命線を見極める」ことだとお話ししました。生命線とは、その企業が生き残っていくために欠かせない要素です。私はA4の紙、1枚に生命線をまとめることをお勧めしています。それが「事業性評価と信用リスク」というシートです。文字だけだとポイントがつかみにくいため、図表などを入れて「見える化」しています。

このシートは、お客さまの事業性評価をするために書くものではありません。融資案件を通すためのものです。ですから信用リスクを記入するようになっています。

図表4-12はコメダ珈琲店の「事業性評価と信用リスク」です。この会社の業態は喫茶店ですから、お客さまが入っていればつぶれることはありません。では、どうやってお客さまが入り続けるようにしているのか、それをこの1枚のシートにまとめます。

研修先などで、このシートを使いたいという要望を多く受けますが、お客さまを目の前にすると、書き方がわからなくなるようです。特に、最初の「誰が顧客か」が書けません。みんな取引先の名前を書いてしまうのですが、そういうことを書くのではありません。概念としての顧客は誰かを書くのです。高級車キャデラックを買う人は誰か？　を考えると顧客は「世間に見えを張りたい人」となります。競争相手は宝石屋さんです。誰が顧客かがわかるようになると、事業性評価が面白くなってきます。

それでは、このシートの書き方をコメダ珈琲店を例にして詳しくご説明します。生命線の見極め方を習得してください。

（1）コメダ珈琲店

「誰が顧客か」から始めましょう。ハーバード大学ビジネススクールのT・レビット

経営者像　氏名：○○　××　(48歳)
・県庁在籍　・以前からどうしても商売をやりたかった　・相続でもらった土地がある ・まじめであるが、商売や金融のことはまったくの素人　・人の意見は素直に取り入れる
【図表】  ・広い駐車場　・統一感　・圧倒的なブランド力 ・モーニングサービスの充実　・83の豊富なメニュー ・立地条件もよく、駐車場は出入口が幹線道路と生活道路の2カ所にあり出入りしやすい ・看板もよく目立ち入りやすい
リスク管理・コンサルティング機能の発揮
・販売促進、売上増加の手伝い　－　管理会計を導入する：客数、客単価 ・勤務日数、時間に応じた報奨金制度　・コミュニケーション　・個別面談

教授が「近視眼的マーケティング」について書いた有名な論文があります。彼は、アメリカの鉄道業界が衰退した理由を「マーケティング・マイオピア」に陥ったためであると指摘しました。どういうことかというと、航空輸送や自動車輸送が発展してくるなか、アメリカの鉄道会社は自分の事業を近視眼的に「鉄道会社」と解釈していたため、変化へ対応することができず衰退したと論じました。もし、自分たちの事業を顧客目線で考えて、「運送事業」ととらえたら違った結果になったかもしれないというのです。

〈図表 4-12〉　事業性評価と信用リスク

支店名：

会社名	業種・業態	売上高	従業員数	事業年数
コメダ・ホールディングス	喫茶店	-	10名	新規開業
事業性評価	だれが顧客か	いつでも楽しい空間、くつろぎの場を安心して味わいたい人		
	何を	コーヒー、軽食を中心に83の豊富なメニュー		
	どのように	広い駐車場で、年中無休・時間戦略で標準化された接客		
	仕入先	コメダ珈琲本社ーフランチャイズ加盟		
	顧客層	・学生からシニアを中心とする　・客単価650円・営業利益22%		
	売れる理由	ビジネスモデルがマッチしている		
	強み	圧倒的なブランド力		
	弱み	・経営管理　・現金管理　・人の管理		
	生命線	・パート、アルバイトの採用、教育、定着管理ーシフト管理 ・マネジメント力　・日締め管理の徹底		
申込み内容	金額：80百万	裸与信：40百万	金利：2.25%	返済：15年
将来のキャッシュフロー	フランチャイジーであり、本部の経営がしっかりしており、内部管理をしっかり行えば安定的なキャッシュは確保できる			
信用リスク				
①売上が損益分岐点を下回ること ②シフト管理　－　パート・アルバイトの確保と定着				

同じように、「誰が顧客か」は近視眼的に考えないことが重要です。コメダ珈琲に来店する顧客はどういう人たちでしょうか。それはこのシートに書いてあるように、「楽しい空間、くつろぎの場を安心して味わいたい人」です。すべての戦略は、こうした来店する顧客に結び付けて立てられなければなりません。

　コメダ珈琲店は、広い駐車場を設けて、幹線道路沿いに出店していることが多くあります。この場合、店の前の道路を車が何台通るかといデータも参考にはなりますが、むしろ車で移動している人がなぜ来店するのかに着目すべきです。

誰が顧客なのか。例えばコンビニエンス店がわかりやすい例です。価格が安いからコンビニを利用するという人は、恐らくいないと思います。利便性に尽きるわけです。立地の利便性、時間の利便性、必要な品ぞろえの利便性。この3つの利便性を求める人がコンビニの顧客です。

次に「何を」の欄ですが、単にコーヒーを提供するというだけでは顧客志向のマーケティングとはいえません。「楽しい空間」と「くつろぎの場」を提供するためには、メニューは多い方がいいわけです。実際、軽食を中心に、当時、83ものメニューがありました。楽しい空間ですから、いつもと違う食べ物を提供できないと楽しくありません。また、軽食類と言いましたが、ここにも理由があります。コメダ珈琲店にはランチメニューがありません。なぜなら、カレーライスや豚カツを食べている人が隣にいると、くつろげないからです。それに軽食類なら本格的な厨房機器が必要なく、ローコスト・オペレーション経営となります。ですから、ランチは提供していません。

それでは「どのように」提供しているのかというと、年中無休、朝11時までがモーニングタイム、11時から2時ぐらいまでがアイドルタイムです。ランチがないからお客さまが集中しません。ゴールデンタイムは2時から5時まで。こういった時間戦略

〈図表 4-13〉 **ビジネスモデル**

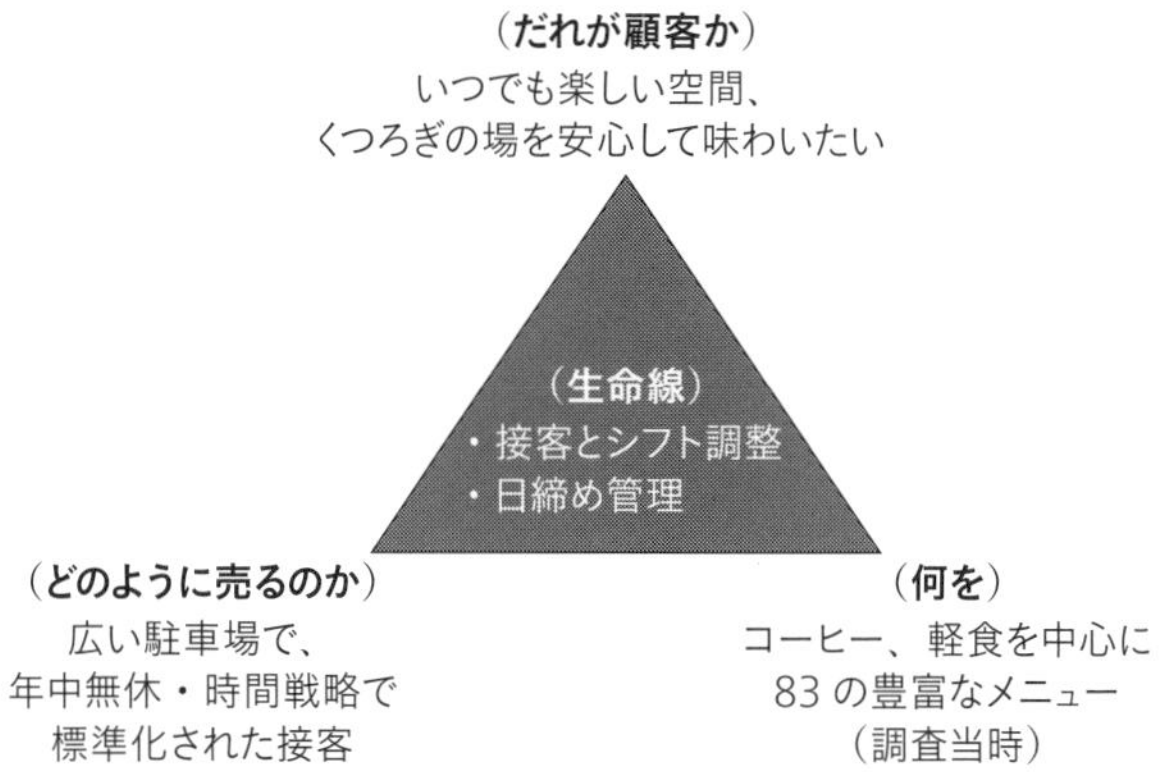
（だれが顧客か）
いつでも楽しい空間、
くつろぎの場を安心して味わいたい
（生命線）
・接客とシフト調整
・日締め管理
（どのように売るのか）
広い駐車場で、
年中無休・時間戦略で
標準化された接客
（何を）
コーヒー、軽食を中心に
83 の豊富なメニュー
（調査当時）

も明確です。

標準化された接客も大切にしています。「楽しい空間」と「くつろぎの場」であるためには標準化された接客はとても大事です。この点もコメダ珈琲店では徹底されています。「仕入先」については、フランチャイズだから何の心配もいりません。

「顧客層」は学生からシニアと幅広く、あまり限定していません。」スタバ（スターバックスコーヒー）は、ちょっとおしゃれな感覚で、パソコンを抱えたような人が行くイメージがありますが、コメダ珈琲店にもそういう人はいますが、高齢者も学生もいます。

「売れる理由」は、ビジネスモデルがマッチしているということです。誰が顧客で、何を、どのように売っているのかというビジネスモデルがマッチしているわけです。

「強み」は、圧倒的なブランド力です。「弱み」は経営管理・現金管理・人の管理です。なぜなのかというと、創業者は県庁に勤めていたサラリーマンだからです。経営のことはよくわからないのです。現金管理も人の管理も苦手。だから、フランチャイズ方式を選んだのです。

これらのことから、「生命線」はパート・アルバイトの採用・教育・定着管理、シフト管理、マネジメント力、日締め管理の徹底であることがわかってきます。実際、私の家の近くにあった行列ができるほどにぎわっていたコメダ珈琲店が、ある日突然、閉店してしまったことがありました。その理由を近所で聞いたところ、その店の経営者は、すごく人使いが荒く、社員、パート、アルバイトが一斉に辞めてしまったということでした。つまり、コメダ珈琲店では人の管理こそが生命線だったのです（図表4-13）。

（2）中古車販売業

私は、渉外担当者に「情報ノート」を毎日提出させていました。「情報ノート」は、渉外担当者の主観や意見は一切書かず、見たこと、聞いたことだけを書くように指導しています。相手の言葉がそのまま記入されるため、担当者が見落としがちな微妙なニュアンスや重要なシグナルがストレートに支店長に伝わってくるからです。

ある日、情報ノートに「3000万から5000万ぐらいあるといいな。おまえんとこでどうだ。担保や金利などの条件を提示してほしい」と書かれてありました。集金に訪問した会社の社長から言われた内容でした。私は、すぐに担当渉外者に話を聞きました。

「社長が3000万円から5000万ぐらい必要だと言ったと書いてあるが、2000万円も幅があるじゃないか。いったいいくら必要なんだ？」

「3000万円だと思います」

「なぜそう思うんだ？」

「メインの地銀から、『保証協会付きで3000万円で』と言われたと話していましたから」

「違うんじゃないか。もし3000万円必要ならメインが3000万円出すと言っているんだから、『おまえんとこでどうだ』なんて言わないはずだ」

私は渉外担当者と同行訪問してみることにしました。その会社は中古車販売を営んでいました。300坪ぐらいの土地に中古車が並べてありました。私は疑問に思ったことをいきなり質問してみました。

経営者像　氏名：〇〇　××　（51歳）	
・商売一筋で誠実な人柄　・いい加減なことは言わないタイプ　・慎重 ・車の業界の知見と目利き能力が高い　・駆け引きが強い面もある	

【図表】

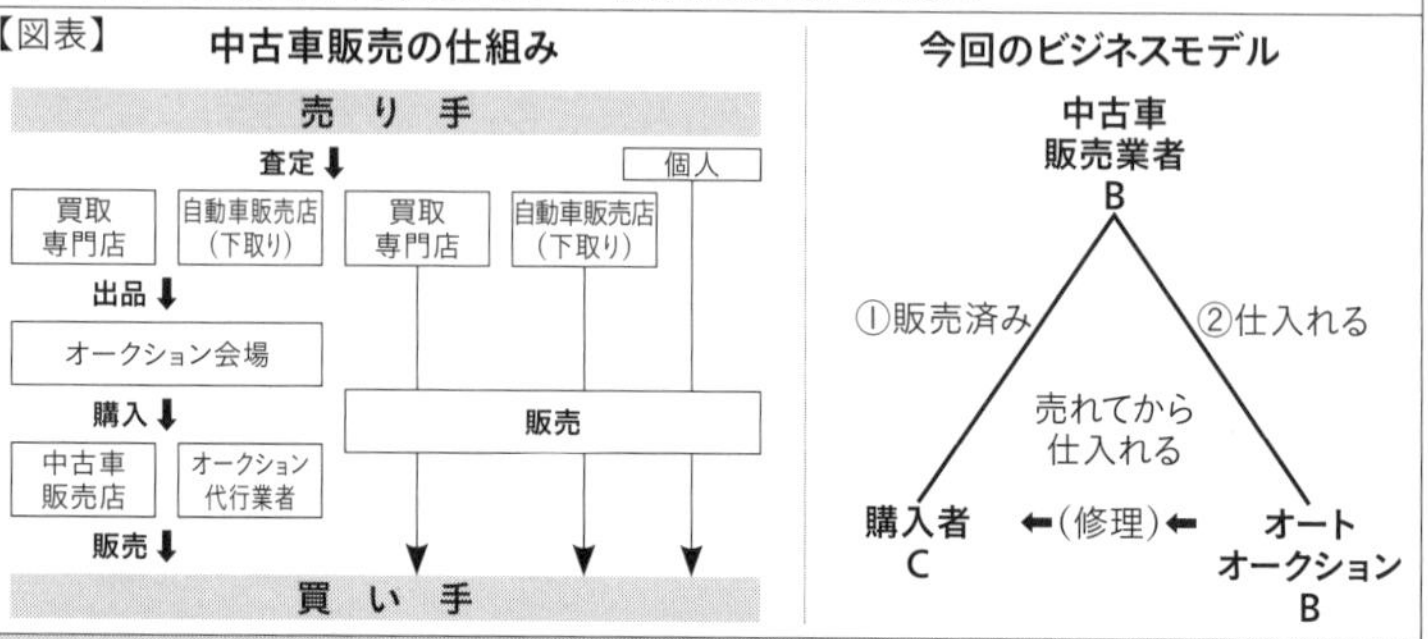

リスク管理・コンサルティング機能の発揮

・財務データのスピード化 ― 管理会計の導入（利益・販売台数・顧客数等）
・従業員の独立というトラウマがあるものの、任せる体制づくりをする

「社長、借入の希望金額が３０００万円から５０００万円と幅がありますが、どういうことでしょうか？」

「メインの地銀から保証協会付きで３０００万円が限度だと言われたんだけど、おたくならどうなのかと思って３０００万円から５０００万円と言ったんだ」

「社長、それは保証協会付きという点が気に入らないということですか？」

「それもある。メイン取引しているのに保証協会付きでしか融資を検討してくれないというのも気に入らない」

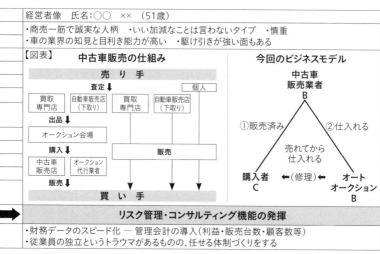

〈図表 4-14〉 **事業性評価と信用リスク**

支店名：

会社名	業種・業態	売上高	従業員数	事業年数
B株式会社	中古車販売	200百万	5名	20年
事業性評価	だれが顧客か	既存客が7～8割 ― 顧客名簿		
	何を	グレードの高い中古車 ― 平均2～3百万		
	どのように	展示販売と訪問販売		
	仕入先	オートオークション		
	販売先	一般消費者 ― 過去の販売実績の積み重ね		
	売れる理由・受注できる理由	既存顧客のニーズを把握している・親切、丁寧		
	強み	ニーズに合った車を早く調達できる・信用と実績		
	弱み	従業員が育たない		
	生命線	社長の車の目利き力と既存客の管理		
申込み内容	金額：50百万	裸与信：50百万	金利：2.50%	返済：5年
将来のキャッシュフロー	顧客管理が正確にできており、ニーズを把握している。人気車種を探り当てる目利き能力が高く、キャッシュフローは安定的に推移する			
信用リスク				
①販売力低下　1)販売台数の減少、2)販売単価の低下、3)目利き力の低下 ②任せられる従業員がいない				

社長とのやり取りから、まず、保証協会ありきのメイン行の対応に不満があることがわかりました。また、できれば5000万円ほど借入をしたいと思っているのではないかと推察しました。そこで、ストレートに聞いてみました。

「メインからは保証協会付きで3000万円が限度と言われたということですが、社長の希望は5000万円なのですか？」

「まあそうだ。実は車の仕入れ資金として5000万円欲しいんだ」

「わかりました。条件を提示してほしいとのことですが、うちの金利はメイン行さんに0・8%を上乗せさせてもらって1・8%になります。よろしいでしょうか？」

「構わないよ」

「ところで社長、担保や保証協会はない方がいいんですよね」

「ない方がいい」

「そうですか、しかし、うちは社長さんのところとの取引は初めてですし、5000万円がきちんと返してもらえるという確証が必要です。社長はどうして返せると思うのですか？」

「それは、車は売れてから仕入れをしているからだ。そちらに迷惑をかけるわけがない。そんなことはメイン行にも説明したんだが…」

「売れてから仕入れるとは、どういうことですか？」

私は、社長にお金と中古車の仕入れ・販売のフローを教えてもらいました。中古車販売業のリスクは、仕入れた車が売れないことです。その点、この会社は、お金と車のフローを逆にしていました。つまり、お客さまからの注文を受けてから、オートオークションに仕入れに行っていたのです。ですから、売れ残るリスクはゼロなのです。つまり、①注文が入る、②顧客が希望する車をオークションで落札、③オークションの支払をして車を入手、④車の修理、塗装などを施す、⑤注文した顧客に販売

〈図表 4-15〉 **中古車流通の 3 つのパターン**

<table>
<tr><th colspan="3">組合せ</th><th>ビジネスモデル</th><th>リスク</th></tr>
<tr><td colspan="2">仕入れ</td><td>販売</td><td>誰から仕入れて誰に売る</td><td>販売・在庫</td></tr>
<tr><td>1</td><td>消費者</td><td>消費者</td><td>自分で仕入れて
自分で売る
(仲介業)</td><td>①在庫・販売リスク有り
②価格低下リスク有り
(在庫と顧客ニーズのマッチング)</td></tr>
<tr><td>2</td><td>消費者</td><td>オークション</td><td>買取専門
(後出しジャンケン)</td><td>在庫・販売リスク無し</td></tr>
<tr><td rowspan="2">3</td><td rowspan="2">オークション</td><td rowspan="2">消費者</td><td>売れてから仕入れる</td><td>在庫・販売リスクなし</td></tr>
<tr><td>仕入れてから売る</td><td>在庫・販売リスク有り</td></tr>
</table>

〈図表 4-16〉 **事業性評価：過去の数値からキャッシュフローを把握する**

過去の数値 単位：百万円

	科目	前期	当期
B/S	現預金	18	17
	売掛金	20	21
	在庫	35	38
	固定資産	10	9
	買掛債務	8	9
	借入金	40	35
P/L	売上	200	220
	税引き後利益	10	9
	減価償却費	3	3
	売上総利益	32	38
	営業利益	11	10

<table>
<tr><th colspan="3">原因分析</th></tr>
<tr><td>オンバランス</td><td colspan="2">・15 ～ 20 台の展示在庫を置いている
・事務所の立地条件は良好</td></tr>
<tr><td rowspan="9">オフバランス</td><td>経営者の資質</td><td>・商売一筋で誠実な人柄
・いい加減な商売はしない</td></tr>
<tr><td>経営理念</td><td>家族の幸せ</td></tr>
<tr><td>戦略・方針</td><td>顧客のグリップを常に意識する</td></tr>
<tr><td>ビジネスモデル</td><td>「受注生産方式」を参考にし、
売れてから仕入れている</td></tr>
<tr><td>強み</td><td>・顧客との信頼関係
・人気車種を見つける目利き能力</td></tr>
<tr><td>顧客・取引先</td><td>・一般個人顧客
・仕入れはオークション</td></tr>
<tr><td>技術・ノウハウ</td><td>顧客管理手法</td></tr>
<tr><td>業界動向</td><td>常に気を配り、情報網をつくっている</td></tr>
<tr><td>修理・塗装業者</td><td>大事にしている
支払いを遅らせたことは一度もない</td></tr>
</table>

〈図表 4-17〉 **中古車販売**

狙い	項目
取引概要	・中古車販売業 ・取引振り ―― サブで預金取引のみ
申込み概要	・集金の際に、できたら運転資金で3～5千万円必要なので、 君のところはどうか?
	・保全、金利、返済期間等の条件を提示してほしい
「後の先」で 相手を知る	①融資情報管理 ―― ・顧客情報の事実を情報ノートで管理している (見たこと・聞いたこと) ・主観は書かない ②管理者が質問事項を指示する ―― 3～5千万円と金額に大きな幅がありますがいかがでしょうか? ③メインから保証協会で3千万円が限度であると言われているので 君にはそのように言った ―― 金利は1% ④洞察する ―― 1)感情=メインに対して面白くない ―― メインでありながら保証協会の都合で頭ごなしに言われた 2)思考=5千万円が欲しいのではないか 3)事実=3千万円が限度であると言われた
潜在ニーズの把握 (信頼関係の構築)	①"実は5千万円欲しい" ―― 仕入れ資金 ②話したいことを聞いてくれたので信頼され、 本当のことを話してくれた
獲得内容	・金額=5千万円 ・返済期間=5年 ・金利=1.8% ・保全=プロパーで対応(担保・保証なし)
担保・保証なしの 拠り所	①この商売の最大のリスクは仕入れた車が売れないことである ②しかし、車が売れてから仕入れるため売れないリスクはゼロである ―― 売れてからオークションで仕入れる
車の流れ	①顧客から注文を受ける ②オークションで仕入れる ③数日後資金を支払い車を受取り、修理する ④納車し代金を受け取る
資金の必要性	取扱車種の変更による仕入資金 ―― 今までは200万円程度の車であったが、 利幅とマーケットと将来性をみて、300万円クラスの車に変更した ―― 従って車の台数は変わらないが資金が必要となった
管理会計	①財務だけ見ると車の在庫金額は増えている ②確認方法 ―― 現地現物と管理会計資料で確認する 決算書(財務会計)は金額のグロス表示になっているため、 決算書を見ても在庫を含めた経営内容は把握しづらい

し代金を受け取る、という流れです。イメージとしては、300万円で仕入れた車を380万円程度で販売していました。

無担保で融資をするにはキャッシュフローをきちんと把握しておかなければなりません。エビデンスが必要です。その点、社長はきちんと管理会計をしており、帳簿にはどの顧客からいつ注文が入って、いつ車が仕入れられ、いくらで販売したのかが明記してありました。これで裏付けが取れました。事業性評価による融資ができます。こういう情報は決算書ではわかりません。

返済原資が確認できた以上、担保や保証協会を付ける必要はありません。メイン行は融資のチャンスを逃したのです。こうなった理由は、担保と保証に過度に依存したためであり、さらにいえば、顧客のビジネスモデルを把握していなかったからだと思います。

事業性評価をした結果、金利についても、メイン行が1%のところ、うちは0・8%を上乗せして1・8%もらうことができました。この話をすると「そんなにもらえるのか」と驚かれますが、0・8%上乗せしても、1台余分に売れればお釣りが出ます。1年間で0・8%ということは、5000万円だから40万円です。しかも、1年間借りていた場合の計算です。現実、1台売れば80万円もうかるわけですから、1

支店名：△△支店	担当者名：×× 　　　　　　　　　単位：百万円
成功要因	・30〜50の差を質問することにより相手のニーズ及びメイン先への不満（ニーズ）を聞き出すことができた —— 本音は50欲しかった ・その結果、相手のニーズに合った融資を提供できた"
苦労した点	・メイン先に対する、相手の本音の引き出し
気づいた点	・金利にシビアだと思っていたがニーズに合っていれば関係ない
事業性評価のポイント	①車を販売してから仕入れるため在庫滞留リスクがない ②販売先を確保している —— ニーズを把握している ③売れ筋の車の目利き力が高い"
→	いつも保証協会付きで不満がある
→	本当は50欲しかったが、遠慮してしまった
→	できれば、プロパーでタイムリーに調達したい —— 金利にはこだわらない

0・8%上乗せされても何の問題はありません。このように、事業性評価で融資をすれば金利競争にはならないということです。

事例をまとめてみます。図表4-14〜4-18をご覧ください。誰が顧客かというと、既存顧客が大半。何を買うのかはグレードの高い車です。どのようには展示販売と受注販売です。受注販売が中心なのに展示販売もしている理由は信用力です。高い買い物ですから、会社を見に来る顧客もいるのです。仕入れ先はオートオークション。そして、肝心の生命線は、社長の目利き、既存顧客、そして受注販売ということです。受注してから仕入れるビジネスモデルなのでリスクがあ

〈図表 4-18〉　**事業性評価に基づく融資報告シート**

日付：○年△月×日	会社名：　B株式会社				
企業概要	業種・業態	売上高	従業員数	取引BK	業況
	中古車販売	200	5名	地銀	増収増益
獲得内容	金額	金利	科目	期間	保全
	50	2.75%	証貸	4年	信用貸し
申込みの経緯	・先方より定積みの集金時に "30～50借入したいがどうかな"と投げかけられる ・メインの地銀から県信付きの 7年返済・金利1.25%の30で承認を取っている				
ニーズ	・中古車仕入れ資金 ・運転資金を証貸で調達しており、毎月の返済が負担となっている				
問題点	①メイン先より既に承認がおりている ―― メイン先との関係は?				
	②当金庫への申し込みが30～50と20も差があるのはなぜか?				
	③先方のニーズがよくわからない				

りません。したがって、担保は不要です。

（3）石油卸売業

この案件は、いわゆる足で拾ってきたものです。

新規先ということでふらりと訪問してきた私の部下に、その会社の経理部長は快く決算書を見せてくれました。売上は数千億円。そして「情報ノート」には「売掛金が売上の約10カ月分ある」と書いてありました。私は「そんな売掛金は粉飾じゃないのか。みんなどう思う?」と融資案件会議で集まったメンバーに意見を求めましたが、会社の規模が大きすぎて誰もわかりません。担当者も「とても私では歯が立ちません。支店長、一度、一緒に行ってもらえませんか」と言うので、部下と訪問してみました。

経理部長に「売上の約10カ月分の売掛金って、ずいぶん多いですね」と、それとなく聞いてみたところ、経理部長は「鈴木さん、疑っているの？」と私の顔をのぞき込みます。私は、「疑っているわけじゃないですが」とはぐらかしました。

当たり前の話ですが、売上がないと売掛金は発生しません。売掛金が本当にあるのかどうかは、売上を把握しないとわかりません。本当に売上が数千億円もあるのだろうか？　私は突っ込んだ質問をしてみました。

「部長、決算書を拝見させていただいたのですが、正直なところ、私どもにはよくわかりませんでした。売掛金が売上の約10カ月分ありますよね。ずいぶん大きな金額ですが、いったいどうやって石油を売っているのですか」

「近県からタンクローリーが集まってきて、それで売上が立つんですよ」

「タンクローリーが集まって来る？」

「うちは安いから貯蔵タンクをズラーと置いておくと、中部や北陸から、朝の4時ぐらいにタンクローリーでやって来て入れて行くんだよ。しかも、給油するのはうちの従業員じゃなくて、資格を持った向こうの人が勝手に入れて行く。それで売上が立つんだよ」

なんだか雲をつかむような話でした。実査が必要だと思いました。しかし、まさか

「売上を確認したい」とは言えませんので、「どうやってタンクから給油するのか興味があるので一度見に行ってもいいですか」と言うと、経理部長は「全然構いませんよ」と二つ返事で了承してくれました。

私は渉外担当者と一緒に、朝の4時から貯蔵タンクの前で張り込むことにしました。すると、確かにタンクローリーが集まって来るではありませんか。聞いていたとおり、長野や岐阜、遠くは金沢からも来ていました。経理部長の話にウソはありませんでした。タンクローリーの台数を数えて、いろいろ計算してみると、決算書の売上と売掛金は間違っていないことが確認できました。

しかし、売掛金の裏は取れたものの、この業界のことを理解しないと何が生命線なのかわかりません。そこで、石油を扱っている知り合いの商社マンに業界動向やこの会社の生命線について聞きに行きました。

「実は、こういう会社があって、やっていることは非常にニッチな気がするんだけれど、ビジネス的に成り立つんですか？」

「うーん、そうだね。要は『玉《ぎょく》』をどこから引っ張って来るかにかかっているんだよ」

「玉って何ですか？」

「JXホールディングス、出光興産、東燃ゼネラル石油などの石油元売り大手は、それぞれ原油を仕入れてきて精製しているんだけど、出光で精製した油は出光の系列にしか卸さない建前になっている」

「なるほど」

「しかし、余ってしまう石油がある。それをそのまま置いておいてもロスになるから業者間で転売するわけだ。それを『業転玉《ぎょうてんぎょく》』というんだ。その会社も『業転玉』を引っ張って来ることで商売が成り立っているんじゃないかな」

「なるほど、余った『業転玉』を安く仕入れて来るから安価で売ってももうかるわけか」


この商社マンから教えてもらった知識は、とても役に立ちました。その業界の商慣習やビジネス形態を理解したうえでお客さまと面談すると、核心を突く質問ができるからです。早速、その会社を再び訪問しました。

「社長のところは、『業転玉』を仕入れてきて販売しているようですが、仕入れルートは『業転玉』以外にも何かあるのですか？」

「鈴木さんはこの業界の専門用語をよく知っていますね。もちろん仕入れルートは他にもある。『業転玉』はいつもあるとは限らないから、足りなくなりそうなときは東アジアからタンカーで仕入れて来る。3割ぐらいは東アジアから仕入れているかな」

「あ、そうですか…」

「なんだ、見たいのか？」

「見たいです」

後日、社長から電話がかかってきました。「鈴木さん、明日、東アジアからタンカーが入ります。何時に来てもらってもいいけど、タンカーからタンクに移し替えるのにだいたい3、4時間かかりますよ」。

その時間に行くと、タンカーが停泊していました。見ていると石油をタンクに移し替えていくうちに船の喫水線が上がってくるのです。つまり沈んでいた船体が浮かんでくる。

「このタンカーには石油がどのくらい入っているんですか」

「確認したいのですね。信用状をお見せしましょうか」

私は、信用状で、船の国籍、積荷と量を確認しました。こうして、社長が話していたことが間違いないことを現地現物で確認しました。

この会社の決算書は正しく作られており、誠実に仕事をしていること、そして商売の仕組みがよくわかりました。融資をした場合の資金使途は、在庫資金と運転資金となります。

東アジアから石油を輸入しているとのことですから、経理部長に「うちは外為をやっているので、外貨建ての決済をお手伝いさせてくださいよ」とお願いしてみました。この会社のメインバンクはメガバンクです。外貨から円への両替だけでずいぶんともうけていたようです。その当時、為替手数料は1円でした。額が大きいので、実際には80銭でやっていました。

「うちもそこに入れさせてもらえませんか」

「いま、80銭の手数料でやっているものを1円にするわけにはいかないな。いちばん安くしてくれとは言わないけれど、一緒ぐらいにはしてくれないと社長には言えないよ」

「それはおっしゃるとおりですね。一緒でお願いします」

こうして外為取引をさせていただくことになりました。取引額は、数十億円ぐらいにはなったと思います。当時、私の金庫では1000万円の外為取引を取ってきたら話題になりましたから、2桁違うその会社との取引に金庫中が大騒ぎになり、理事長が「俺もあいさつに行く」と言い出したくらいです。

この会社は、最初は自己資金で手堅く商売していたようですが、メガバンクからお金を借りるようになって事業規模を拡大してきました。「借入はメイン行があるので」と言いましたが、いろいろと提案をして3〜5億円ほど融資させていただきました。

〈図表 4-19〉 **石油卸**

狙い	項目
現地現物で与信判断	①売り ── 売上と売掛金が数千億円あり、 信金にとってはなじみのない先 ・朝 4 時に石油販売所に出向き、売上を確認する ・写真に撮る ── タンクローリーの台数とナンバー （遠くの県からも来ているとのこと） ②仕入れ ー 外国のタンカーが港に入り石油を購入する ── 吃水線が上がっていく・仕入先を確認する
業界を知る・将来性	・診断士の試験で知り合った伊藤忠商事の商社マンから、 石油卸の商売のやり方や仕組みを教えてもらう ・玉（石油）をどこから引っ張ってくるかが この商売の生命線 ── 各石油の元売りは過剰生産した玉をさばきたい
資金需要	・運転資金=仕入れ資金と売掛金がかさむため、 資金需要は旺盛 設備資金=機会と資金があれば設備投資したい
ビジネスモデル	・典型的な薄利多売の商売 ・売りについては、単価に魅力を感じる業者が会社まで 取りに来るモデルができあがっている
外為	・仕入れ決済はドル
経営リスク	①社長の旺盛すぎる事業意欲 ── 創業者であり、息子しか歯止めが利かない ②販売の値決めは月締めであるが、社長が人がよく、 安売りしてしまう ③他社からの参入 ④石油業界の見えにくいリスク
融資	・運転資金（主に売掛金への対応）： 3 年返済のプロパーの証貸で対応
予想される融資リスク	・販売先が 10 県にまたがっており、先数も 3 百先程度 あり、よくいえばリスク分散ができている ── 際立った大口先はなく平均的 ・半面、販売先の信用リスクは把握しにくい

なぜ、私の金庫と取引をしてくれたのでしょうか。それは、たぶん、朝の4時から来て、写真を撮ったり、韓国の船が入ってきたら見に来て信用状を見せてくれと言ったり、そういう姿勢が相手に通じたのではないでしょうか。経理部長さんは、「こんなことをしてくれた金融機関はあなたのところが初めてだよ」と言っていました。

相手は、自分の会社に関心を示してくれたということがうれしかったのだと思います。「あなたの会社に関心があります」と言うだけなら誰にでもできますが、行動で示さないと相手には響きません。

このケースの場合、別にアピールしようと思ってそういう行動をとったわけではありません。本当に興味があり、「実際に見てみたい」と思ったのです。それがいいのか悪いのかわかりませんが、お客さまに興味を持つこと、好奇心を持って話を聞くことが事業性評価の第一歩なのではないでしょうか。

最後に、この事例の生命線について振り返ってみましょう。この会社のビジネスモデルは、「業転玉」を仕入れて、それを転売するというシンプルなものです。販売価格が安いため、仕入れができれば、自然と売れていきます。ですから、この会社の生命線は、親会社との信頼関係になります。信頼されているから「業転玉」を回してもらえるのです。建前としては、系列にしか卸してはいけないことになっていますので、別の企業が簡単に参入できるものではないのです。

もう一つ生命線があるとすれば、それは資金調達力です。売上が伸びれば伸びるほど、資金需要は旺盛になります。基本的に運転資金がないとやっていけない商売です。「業転玉」を親会社から回されたら引き受けなければなりません。資金力がない会社では対応できません。

信用リスクは、顧客が倒産などによって、売掛金が回収できなくなることでしょうか。しかし、「取引先数が250～300先あり、リスク分散ができている」とのことでした。

それでは、この会社の「事業性評価と信用リスク」をまとめましょう。「顧客が誰か」というと、安い石油が欲しい人です。「何を」は「業転玉」と東アジアから輸入した石油。「どのように」は、顧客が勝手に買って行く。「仕入先」は系列の石油元売り親会社です。生命線は、「業転玉」や東アジアといった安定的な仕入れルートを持っていることです。

(4) 精密部品製造業

これは、渉外担当者が新規先訪問を繰り返しているなかでつかんできた案件です。

聞けば、精密部品を作っている会社で、従業員は社長を含めて5人。会社の受注金額は年間8000万円、経常利益は年間800万円程度で安定しているとのことでした。

6、7回目の訪問の際、社長さんから「あんた、本当によく来るね」と言われ、こんな相談をもちかけられました。

「実は、いま使っているマシニングセンターのリースが終わるので、新たに7000万円の機械を導入しようと思っているんだ。またリースにするつもりだけど、もしおたくが融資してくれるなら7年返済で借りたい。でもうちは借り工場だから担保はないよ。どうだろう？」

新規取引先で、無担保、7000万円の融資という案件でしたが、資金使途は明確でした。マシニングセンターとは、自動工具交換機能を持つコンピューター数値制御工作機械のことです。

私は、融資返済の確証が得られれば、担保の有無は問題ないと考えました。そこで、その会社がどこの仕事をしているのかを尋ねたところ、M重工が50％、M工作機械メーカーが30％、その他20％で、国産のH-Ⅱロケット（人工衛星打ち上げ用の液体燃料ロケット）の部品を作っているというではありませんか。とてつもない技術があること、そしてこの会社が信頼できることを直感しました。私は、すぐ社長に会いに行きました。

「社長、今回、リースにするか借入にするかということですが、社長としては、どうされたいのですか？」

「いや、今まではリースだったので、別にリースでもいいのだけれど、コスト面を考えると借入の方がいいと思っている」

「そうですか。ところで社長、失礼ですが、天下のM重工さんからH-Ⅱロケットの部品の発注がくるということは、すごいことですよね。どんな技術をお持ちなんでしょうか？」

「いやあ、実はね、難削材というのがあってね、それを加工できる技術があって…」

①4つの目利き

第一は「経営者の意欲」です。技術の話になると、社長は目を輝かせて話し続けました。あいにく私には専門的な知識はありませんので、詳しくはわかりませんでしたが、ロケットの部品加工という、最先端の技術が求められる仕事に携わっていることについて、並々ならぬ誇りと情熱を持っていることがよくわかりました。

この会社は汎用《はんよう》部品を作っているわけではありません。ロケット部品という極めて専門的な部品を加工しています。継続的に仕事を回してもらうためには、常に技術力を高め続ける必要があり、経営者には旺盛な変革意欲が求められます。この点、経営者の資質に問題はありませんでした。

第二は「技術力（品質）」です。決算書を見ると、年間の交際費は5万円でした。「クライアントさんを接待しないのですか？」と尋ねたところ、「接待はしていません」との返答でした。純粋に技術力（品質）が評価されて注文がきていることが裏付けられました。

第三は「納期」です。協力会社（下請け）を見るポイントとして、納期を守れているかどうかも重要な目利きポイントになります。「納期は守れていますか？」と直接聞くことはしませんでしたが、名だたる大企業と10年近く取引をしているという事実から問題ないと判断しました。納期を守れない会社に継続的に発注をするはずはないからです。

第四は「コスト」です。この会社のアワーチャージは5000〜5500円と推測できました。8000万円の売上を5人で割り、1時間当たりにしてみたのです。このアワーチャージの金額は、大企業の3分の1程度です。私はかつてM重工の1次下請けの取引先から、M重工のアワーチャージが1万5000円から2万円だということを聞いて知っていましたので、コスト面から見ても受注が継続されるという確証を得ました。

②リスク

この会社がM重工から継続的に仕事を受注できることは、4つの目利きでよくわかりました。後はリスクの把握です。私は直接社長に尋ねてみました。
「ところで社長、M重工からの受注が今後も安定的に見込めることはよくわかりました。しかし、私どもは担保なしでご融資するので、教えていただきたいのですが、どんなリスクが考えられますか?」

社長はちょっと考え込んだ末に、「自分の健康かなあ…。身体はどうなるかわからんからな。健康でないと返済もできんわな」と答えられました。私は、「誠に申し上げにくいのですが、生命保険の証書を見せていただけませんか?」とお願いしたところ、「ああ、見せるだけならいいよ」と見せてもらいました。

通常、まだ取引もしていない金融機関の支店長に生命保険証書を見せてはくれません。へたすると「おまえバカにしとるのか!」と怒られてしまいます。では、なぜ見せてもらえたのでしょうか。おそらく私が信頼されたからだと思います。

経営者像　氏名：〇〇　××　（53歳）

・貸工場であるので、理由を聞くと工場にお金をかけるなら工作機械を買いたい
・交際費は使わない ── すべて技術力で勝負するのが方針である

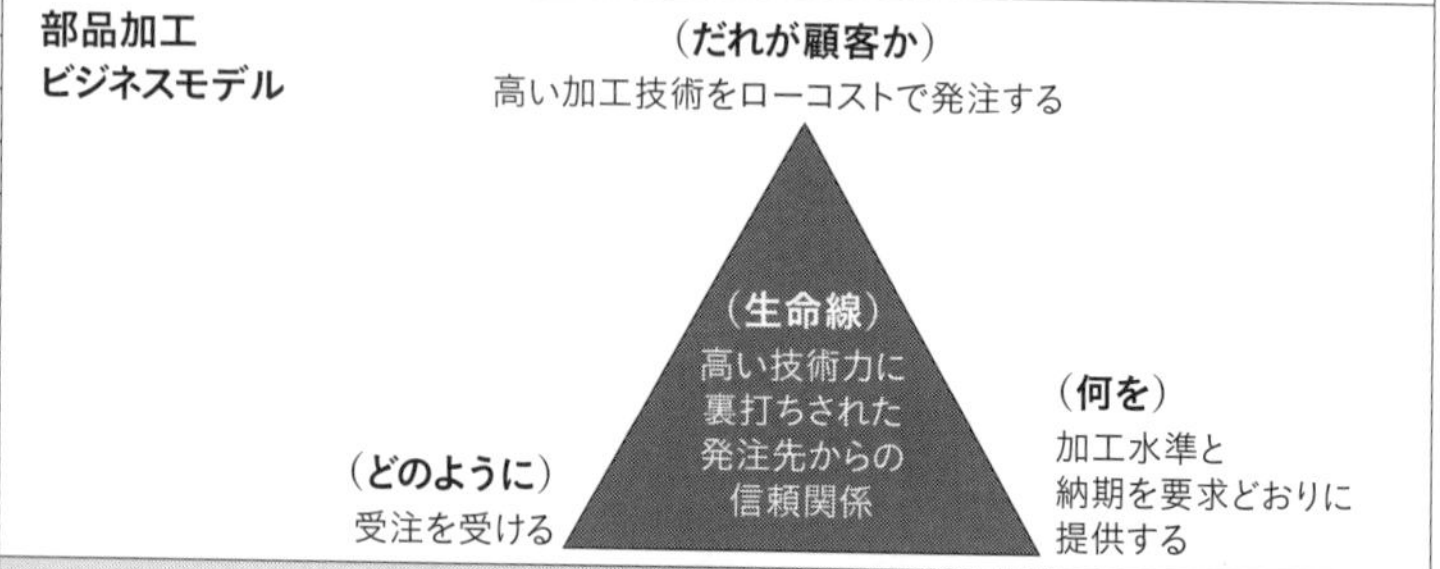
部品加工
ビジネスモデル
（だれが顧客か）
高い加工技術をローコストで発注する
（生命線）
高い技術力に
裏打ちされた
発注先からの
信頼関係
（何を）
加工水準と
納期を要求どおりに
提供する
（どのように）
受注を受ける

リスク管理・コンサルティング機能の発揮

①一層の技術力の向上
②MCやCADといった設備の更新及び導入

社長は技術者です。技術者は、自分の技術を聞いてほしいのです。認めてもらいたいのです。こちらの会社の従業員は社長を含めて5人です。いまさら話を聞いてもらえるはずがありません。私がロケットの部品加工の難しさを、わからないなりに熱心に聞いたことで信頼してもらえたのだと思います。

　リスクを減らすという意味では、生命保険だけでなく、もう1つ押さえがありました。それは、もし、何らかの事情で返済できなくなった場合は、マシニングセンターを売却できることです。高性能の機械ですから、3年後でも3000万や4000

〈図表 4-20〉 **事業性評価と信用リスク**

支店名:

会社名	業種・業態	売上高	従業員数	事業年数
○○工業	金属加工業	70百万	5名	25年
事業性評価	誰が顧客か	自社ではできない技術をローコストで発注する		
	何を	・H2の部品加工　・難削材の加工　・自動車部品		
	どのように	親会社から発注を受ける(受注生産方式)		
	仕入先	細かい材料及び加工油卸		
	販売先	国内飛行機メーカー		
	受注できる理由	長い間の信頼関係(納期、技術、コスト)		
	強み	・不良、不具合への対応　・少数精鋭での技術力		
	弱み	工作機械の老朽化		
	生命線	進化していく技術にいかに対応していけるか		
申込み内容	金額:70百万	裸与信:70百万	金利:2.25%	返済:7年
将来のキャッシュフロー	親会社の内製化は考えにくく(アワーチャージ5千円　3分の1)、キャッシュフローは安定的に確保できる			
信用リスク				
①1.親会社からの受注が減少する — 内製化と他社への切り換え ②新しい技術への遅れによる受注減				

万はすると思います。

しかし、融資にあたって、この話には触れないことにしました。必ず動産担保を取れという話になるからです。私はそこまでする必要はないと判断しました。

普通に考えて、M重工と取引できる技術を持っている人が、経営が苦しくなったからといって、勝手に機械を売り飛ばして、どこかに逃げてしまうようなことは考えられないからです。社長を信頼したのにはわけがあります。社長に「こちらの工場は、自分の土地・建物ではないようですね」と聞いたところ、「土地や建物に投資するくらいなら、私は機械が欲しいよ」と即答されました。そんなふうに事業に熱心な人なら、信頼できると思ったのです。

③生命線

この会社のビジネスモデルは完全な受注生産です。生命線は、受注の継続性になります。言い換えるなら、発注元との信頼関係です。品質も納期もコストも満足いくものであり、経営者の技術革新への意欲も高いため、信頼されて注文がくるのです。

M重工が信頼している会社を、信用金庫が「信用できないから担保を付けてほしい」とか「保証協会を付けてほしい」というのは、どうなのでしょうか。国産ロケットの部品を作っている会社に「担保がなければ貸せません」と言うのは、世間知らずというものではないでしょうか。

〈図表 4-21〉 **部品製造業**

狙い	項目
会社概要	・借入のない企業　・社長を含め5人の会社　・受注高8千万円 ・利益8百万円　・M重工50%(H2)、Mマザック30%、その他20% ・貸工場
申し込みの経緯	①新規訪問を繰り返していた ―― ある日社長が7千万円のマニシングセンターをリースで考えている、借入も含めて ・現在リースで使っているこの機械が期限が切れるので、新たにリースか借入で買いたい ②7千万円を、7年返済で担保はない、との話であった
人物像	①仕事一筋で仕事が生きがい ・真面目　・家族は4人で奥さんは経理を担当しており、ハキハキしている ②自分の工場を持たないのは、そんなお金があったら、機械が欲しいとのこと
この会社は信頼できるのか	①H2の部品を作っており、それだけでも信頼できる ②そもそもそのような重要部品を任されるということは、まずは約束はきちんと守るという信頼を発注元から受けているから来るわけである ・発注元からすると発注した部品がきちんとできると判断しているからこそ成り立つわけである ―― 守秘義務が担保される(契約書を締結する) ③技術力がある ―― 品質・納期・コストの中の特に品質面で秀でていると推測される ・技術面 ―― 難削材を扱う:材料費が1個数百万円するものもある ・温度に強い、軽い、強いといった材料を扱う ・失敗した時にその費用はどうするのか、 あるいは負担できるだけの財力はあるのか ・不良品の判定はどうするのか
融資	金額:7千万円　返済期間7年　保全なし ・マニシングセンター購入資金
返済できるかどうか(今後の受注は来るのか)	①親会社との結びつき ―― 交際費は年間5万円であり、接待等はしていない ②品質 ―― 難削材等の扱いで認められている ③納期 ―― 続いているということはこの面での信頼はある ④コスト ―― アワーチャージは5,000～5,500円であり、 親会社の約1/3であり、コスト面での内製化は考え難い 80,000千円÷12か月÷5人=1,333千円÷25日=533千円÷10時間=5,330円(アワーチャージ) ★総合的な判断として①人物面及び②技術力である品質、納期、コストからの実績を考えると将来にわたり、受注が大幅に減ることは考えにくく、現在の受注を確保していけると判断するものです。
リスク	①社長の健康 ②汎用部品ではなく、最先端の技術であり、その技術革新についていけるか ・人材育成は大丈夫か ③常に変革を迫られており、新しいことに挑戦していく意欲は維持できるか

〈図表 4-22〉 **金属部品加工業・事業価値**

外部環境	業界動向		・市場規模の縮小を余儀なくされてきた部品加工業界は、緩やかな改善傾向にある ・発注先からのさらなるニーズ対応を求められ、一層の技術力や設備の向上が求められている
	発注企業		・○○重工：業界トップ ○○機械：業界 3 位
	業界が抱える問題点		①発注企業の海外展開と海外進出 —— 一部の国内調達が不可欠なもの以外は海外生産にシフト ② IT 化と機械技術革新 —— 勘や経験から、NC 複合加工や 3D プリンターの保有を前提とした競争 ③さらなる小ロット、短納期や一括受注の動きへの対応
内部・事業価値	戦略	ビジネスモデル	・誰が顧客か：ローコストで加工できる ・何を：他ではできない加工技術 ・どのように：受注生産
		差別化	・H2 の部品加工を受注している ・難削材の加工ができる —— 温度・精度・軽い・強い ・1 個数百万
		CF の源泉 （確実に受注がくる）	①発注先との結びつきは、信頼関係である —— 1) 交際費は使わない、 2）守秘義務契約を締結 ②約束を守る人間との評価を受けている ——・納期、加工技術　・経営者の意欲 ・経営、資産状況 ③アワーチャージは 5,300 円で発注先の 1/3 ・内製化することは考えにくい
	マネジメント	経営者	・現在、貸工場であるが、理由を聞くと工場にお金をかけるなら工作機械を買いたい — 堅実な考え
		人・組織	・不良・不具合に対して即対応できる体制になっている
		B/S に表れない資産	・社長及び従業員が H2 の部品受注しているという対外信用と技術に対する誇り
		生命線	・進化していく技術にいかに対応していけるか —— 技術に対する向上意欲　・設備投資のタイミング

③資金使途の妥当性 **── なぜ必要か**	1）何に使うのか 2）効果は 3）その結果どうなるか
④返済能力、財源は	1）長期（PL）:「税引き後利益＋減価償却」キャッシュフローを重視する 2）短期（BS）：売掛金の回収、在庫処分、資産売却等
⑤保全 **── 不動産、保証協会、保証人**	1）どんな案件も保全の話をする ── 保全状況により返済方法・期間を判断する 2）保全の有無により、取上げを判断しない ──「質屋金融」に陥らない
⑥取上げ理由	1）将来性 2）収益性 3）取引効果 4）保全 5）確かな返済能力
⑦将来の取引方針	1）どのような取引を目指していくのか、その根拠は何か 2）将来、予想されるリスクは何か、その質と量は
⑧企業の将来性 **── 返済できるかどうかの見極め**	1）事業内容、ビジネスモデルを収益性を中心に判断する 2）業界全体の行方を予測する 3）見えにくい技術力、販売力に目を向ける 4）商品・サービスや設備の強みは将来に向けて通用するか 5）競合相手の実力を視野に入れる 6）後継者を見る 7）M&Aも視野に入れる

資　料　1

融資の取上げ方

1. 融資取上げの3原則

①人物を見て、商売のやり方を見て与信判断をする

②過去の実績や担保・保証に過度に依存せず、将来返済できるかの判断を事業価値から見極める

③「貸すも親切、貸さぬも親切」の精神を忘れない

2. 融資取上げの8つの問い掛け

①人物に間違いないか

②企業内容は把握しているか

③資金使途に間違いないか

④返済能力、財源は確認したか

⑤保全は万全か

⑥取上げ理由は何か

⑦今後の取引方針は立てたか

⑧企業の将来性の根拠は何か

①人物に間違いないか	1）誠実で信用できる人物か 2）経営理念・方針は明確か 3）経営課題を把握しているか 4）数字で経営状況を把握しているか 5）言行一致で一貫性があるか 6）身の丈にあった経営か 7）家庭は円満か 8）奥さまはしっかりしているか
②企業内容は把握しているか	1）背景、業種・業態の特徴、業界動向 2）決算書、財務内容の把握 3）ヒト・モノ・カネの流れ、業務内容の把握 4）近所、同業者の評判は 5）強み・弱みの把握 6）技術、商品、立地、ブランド

3. キャッシュフロー

「計算上の利益より、手元の現金」：損益＝見解　キャッシュ＝事実

①本業での「儲け」とのバランスに問題はないか　利益が出ているがキャッシュが少ないケースは、その分析をして要因を把握する

②売掛債権は月商と比較してどうか　代金回収を重視しているか

③適正在庫の基準はあるか　仕入れ基準はあるか　不良在庫はないか

④過剰返済になっていないか　資金繰りへの最大の圧迫要因となる

⑤設備投資

1）投資額は適正か

2）稼ぎ出すキャッシュの予測は

3）投資判断にキャッシュフローの概念を加味しているか

⑥キャッシュフローを重視した経営をしているか

⑦利益が出ていることはキャッシュにゆとりがあることを意味しない　常に資金繰り・キャッシュを頭に入れて経営をしているか

4. 安全性 ―― 流動性・資金繰り

①自己資本比率 ： 利益は内部留保されているか、過小資本ではないか

②運転資金は月商の３カ月分は確保できているか

③毎月の返済額は、キャッシュフローの範囲内に収まっているか

④必要運転資金（在庫＋売掛金－買掛金）は短期資金（手貸・当座貸越等）で調達しているか、証貸で調達していないか

⑤もしものときに備えて、手貸の枠や当座貸越の限度は確保されているか

⑥流動比率は最低ラインとして 100％ は確保しているか

5. 比較する

①３期連続して比較する ―― 構成比・伸び率を見る

②同業他社と比較する

③異常な数字は必ず確認する

資　料　2

決算書の見方

1. 借入安全度

①年間の粗利額を基準として融資額の判断の目安とする

150% 以上　⇒　赤信号

80 ～ 150% 未満　⇒　黄信号

80% 未満　⇒　青信号

②売上高を基準とする

1）月商の何カ月分か

2）年商から見てどうか

2. 収益性

①最終利益だけでなく、粗利益・営業利益・経常利益を見る

1）利益率及び金額の双方から分析する

2）役員報酬を含めて収益性を判断する

②粗利益額で見る：一人当たり年間粗利益額 (労働生産性) で判断する

優　⇒　1 千万円超

普通　⇒　1 千万円以下

下位　⇒　7 百万未満

③粗利益の使い方を分析する：配分方法

利益

経費

人件費

粗利益

1）経費が占める割合 ── 固定費の場合

2）労働分配率

優　40% 未満

普通　40 ～ 54% 未満

下位　55% 以上

・粗利益額の配分の仕方は経営そのものであり経営者の性格、方針がそのまま表れるところである

4. 与信判断 ── 決算書と事業性評価

【決算書】

①税理士は税務の専門家であって経営の専門家ではないことを念頭に置く
　特に試算表は当てにできない

②利益・損益は一つの考え方に過ぎず、単に利益がでているといって経営が上手くいっているとは限らない ── キャッシュフローを重視する

③在庫、売掛金、貸付金の内容を注視する ── B/S をしっかり見る

【事業性評価】

「人　　物」①お金は人に貸すため、能力等を含めまともな人物でなければならない最低でも 3 回以上は会う
　言行一致かどうか観察する
②経営者の言うことをうのみにしない ── 裏を取る
　同業者、競合先、仕入れ・販売先、業界の人、
　近所の人から聞く
③経営者の生い立ち、事業動機、家族状況を知る
④経営理念、方針及び事業のやり方に重点に置く

「事業内容」①業界の動向、行方・競合を背景に事業全体を見る
②生命線を把握する ── 存続している理由は何かを摑む
③技術や商品、サービスの評価は難しいが、ここができないと的確な融資判断はできない
── 業界ごとにその道の信頼できる人をつくる
④事業形態やビジネスモデル、戦略・戦術等を把握する
⑤財務に偏らずヒト・モノ・カネを鳥瞰し判断する

「心　　得」①まず、常識的に見てまともな案件かどうかを判断する
②初めに担保ありきではない
　担保に頼ると経営者や事業内容を見なくなり、
　本来の中小企業金融の主旨から外れる
③常に将来どうなるかに視点を置き判断する

資料　3

与信判断

1. 融資は何を基準に判断するのか

“将来、返してくれる”という判断で貸す。その着眼点は、
①経営者の人物判定ができる、
②仕事のやり方を判断する力量を持ち、
③世の中の動き、経済環境などを予測できる、
能力をもとに将来性を判断する

2. 決算書を見るときの留意点 (1)

①「税務申告書」は税額を計算する目的で作成されるものであり、必ずしも経営実態を反映しているわけではない
②すべてお金に換算できるものだけで作られている
・経営に収益性をもたらし、成長、持続させる要素は記載されていない
・数字はグロス表示である
③過去のことである
知りたいことは今後どうなるかである
④資産の評価が難しい
⑤赤字、黒字はどうにでもなる
・在庫、売掛金、役員報酬等のさじ加減でどのようにもできる
・数字そのものをうのみにしない

3. 決算書を見るときの留意点 (2)

①経営者が何を主眼に決算書を作っているのかを認識する
②決算書から経営者像を洞察し、逆に人物像から決算書の形を推測して、両面から判断する
③現地現物でヒト、モノ、カネの動きを確認し、付き合わせる
④同業他社のケーススタディで比較して判断する
⑤時系列で比較判断する

オートバイに乗って、雨の日もカッパを着てバタバタと走り回っていた駆け出しの頃、「鈴木さん、毎日大変だね。早く支店長になってよ。応援するから」と声をかけてくださったお客さまが多くいらっしゃいました。

30代半ばに転勤した支店では、前任者が今ならばコンプライアンス違反でアウトになるようなことをして数字をつくっていました。支店長にそのことを報告したところ、「鈴木君、そんなこと誰でもやっているぞ」と言われて、ひとりで悶々としていました。そのような折り、用事があって前の支店の取引先に電話をしたところ、翌日、その社長さんが「鈴木君の声の調子がどうもおかしいので心配になって来てみた」と豊橋から新幹線に乗ってわざわざ名古屋の支店まで足を運んでくださいました。

社長は5時半になると支店長に「今日はちょっと鈴木君を借りるぜ」といって料理屋に連れて行ってくれました。そこで「本当のことを教えてくれ」と言われましたが、自分の前任者がおかしなことをしていたなどとは言えませんから黙っていると、「わかった。俺にも言えないことがあるんだな。転勤したばかりで困っているなら、鈴木君のために3億でも5億でも預金をしてあげるぞ」と言ってくださいました。さらに翌日、その社長の息子さんも顔を出してくれました。聞くと、「鈴木さんと年が近いんだから、おまえが行って鈴木さんの話を聞いてやれ」と社長から言われたとのことです。ありがたいことです。

数か月前のことです。ある日突然、見知らぬ若い人から電話がかかってきました。誰だろうと思いながら話してみたところ、30年近く前に私がまだ係長だった頃、新規でしかも今でいう事業性評価で融資した部品メーカーA社の社長の息子さんからでした。

当時、A社は資金繰りが厳しかったのですが、担保不足でメインの銀行は新規の融資に慎重でした。しかし、受注先は大手メーカーでしたから、私はその大手メーカーに話を聞きに行ってみました。そこでわかったのは、A社の技術力は非常に高く、大手メーカーとしては今後、取引を拡大していく意向を持っているということでした。

他の部品メーカーも訪ねてみました。「A社のこの部品はどうですか」と聞いてみたところ、「その部品はA社でなければ作ることができない」とのことでした。技術力があり、今後、売上の増加も期待できます。担保は不足していましたが、私は自信を持って稟議《りんぎ》を書き、融資にこぎつけました。

そんなA社の社長の息子さんからの電話でしたので、「いったいどうしましたか？」とちょっと心配になりました。ところが、「今度、おやじから会社を引き継ぐことになったのですが、おやじに営業のことは鈴木さんに教えてもらえと言われまして」とおっしゃるではありませんか。

息子さんは社長から「鈴木さんはうちと取引するまで、9カ月間、毎週1回、必ず訪問してきた。でもいつ来ても、「困ったことがあったら言ってくださいね」と言うだけで、ただの1度も預金してくれとか、お金を借りてくれとか頼んでこなかった。鈴木さんはセールスをしないでセールスをする営業の達人だから、おまえもお会いして勉強してこい」と言われたそうです。

私はA社の社長さんが30年近く経ってもまだ私のことを覚えていてくださり、息子さんにまで引き合わせてくださったことがうれしくてたまりませんでした。そして地域金融機関で働くことの面白さ、やりがいを改めて感じました。

こうしたエピソードはまだまだたくさんあります。私は多くのすばらしいお客さまに巡り会うことができ、励ましてもらったり、教えてもらったりして、ずっと育てていただきました。地域とともに生きていくという意識も、そうした日常のなかで自然に身に付いたように思います。

私が経験してきたやりがいや喜びをぜひ、今、現場で汗を流してがんばっている皆さんにも知っていただきたい。そうした思いからまとめたのが、この本です。

この本でお話ししてきたことは、どれも難しいことではありませんし、実は当たり前のことばかりです。しかし、頭ではわかっている「当たり前のこと」でも、それを雨の日も晴れの日も毎日、実践できるかどうかで、結果は大きく変わってきます。

私は、お世話になり、育ててくださったお客さまに、そして地域に、何か恩返しができればとの思いを強く持っています。この本を手に取ってくださった皆さんが、それぞれの舞台で存分に活躍し、お客さまや地域の役に立っていただければ、それが私にとっての「恩返し」にもなります。

地域金融機関で融資を伸ばすことは実にやりがいがある仕事です。「できない」理由を並べる前に、どうやったらできるか、その方法を考えてみましょう。そして逃げずに、仕事を楽しみましょう。

この本の執筆中に新型コロナウイルスの感染が世界中で拡大し、日本でもついに緊急事態宣言が発せられる事態となりました。幸い、政府・国民の懸命の努力で諸外国のような爆発的感染拡大、医療崩壊には至ることなく、小康状態に戻りましたが、経済状況は「戦後最悪」と言われるレベルにまで落ち込んでいます。中小企業のお客さまを取り巻く環境は、バブル崩壊やリーマンショックを上回る厳しいものがあります。

地域金融機関の皆さんが、お客さまの悩みやニーズに耳を傾けなければならないのは、今を置いて他にありません。この本で紹介した考え方やノウハウをぜひ実践していただき、お客さまと地域経済の発展に力を注いでいただければ、私としては大変にうれしく思います。

もしその過程で悩んだり、困ったりしたことがあれば、いつでもアドバイスをさせていただきます。力を合わせて、地域のお客さまの未来をサポートしていきましょう。

鈴木事務所　https://konsarusuzuki.wixsite.com/suzukijimusyo

鈴木 富久（すずき・とみひさ）
1973年、岡崎信用金庫入庫。営業統括部新規業務推進グループ グループ長、豊田南支店支店長、総合企画部副部長、経営サポート部部長、理事 名古屋ブロック長、理事 リテール営業部長を歴任。入庫以来、一貫して営業現場に携わり、中小企業金融の分野で実績を上げる。現在、鈴木事務所 代表として、コンサルティング・講師などに活躍中。著書『残業ゼロで目標200％達成　常識を覆すマネジメント』（きんざい）

5つのプロセスで融資目標200％達成
融資を伸ばす行動様式

2020年9月29日　第1刷発行

著　者　鈴木富久
発行者　加藤一浩
印刷所　文唱堂印刷株式会社

デザイン　藤井グラフィックス

〒160-8520 東京都新宿区南元町19
発行・販売　株式会社きんざい
編集部　tel03(3355)1770 fax03(3357)7416
販売受付　tel03(3358)2891 fax03(3358)0037
URL　https://www.kinzai.jp/

ISBN978-4-322-13459-9